Jo-Jo

Lesebuch 4
Grundschule Bayern

Erarbeitet von

Barbara Ertelt, München
Brigitte Umkehr, Unterpleichfeld
Marion Waszak, München

Unter Beratung von

Dr. Andrea Greller, Rudelzhausen
Cornelia Holzer, Miesbach
Maria Klingshirn, Haiming
Dr. Helga Rolletschek, Eichstätt
Sigrid Schwarzer, Ingolstadt

Cornelsen

Inhalt

Lese-Spielwiese

Die fliegenden Bücher des Mister Morris Lessmore

Morris Lessmore liebte Worte.
Er liebte Geschichten.
Er liebte Bücher.

Morris kümmerte sich gern um die Bücher. Liebevoll reparierte er sie.
5 Manchmal verlor sich Morris so sehr in einem Buch, dass er
Tage brauchte, um wieder aus der Geschichte aufzutauchen.

Morris teilte die Bücher gern mit anderen.
„Jede Geschichte ist es wert, erzählt zu werden", sagte er.

Nachts war der Moment, in dem Morris Lessmore sich zurückzog,
10 um an seinem eigenen Buch zu schreiben.

Die Tage vergingen, genauso wie die Monate.
Und die Jahre ... eines nach dem anderen.

Eines Tages war die letzte Seite
seines Buches vollgeschrieben.

15 Morris schaute auf und sagte
mit einem zufriedenen Seufzer:
„Ich glaube, es ist Zeit für mich weiterzuziehen …"
Auf dem Weg zur Tür drehte er sich noch einmal um, lächelte und winkte.
„Ich trage euch alle hier drin", sagte er und deutete mit der Hand auf sein Herz

20 und flog davon.
Die Bücher schwiegen eine ganze Weile.
Da entdeckten sie, dass Morris Lessmore sein Buch zurückgelassen hatte.

Plötzlich stand in der Tür ein Mädchen. Verwundert schaute es sich um.
Dann passierte etwas ganz Wundervolles.

25 Morris Lessmores Buch flog zu dem Kind und öffnete sich.
Das Mädchen fing an, darin zu lesen.

Text: William Joyce / Bilder: Joe Bluhm

Wie bist du zu deinem Lieblingsbuch gekommen? Erzähle davon und befrage andere Kinder.

Dunkel war's

Dunkel war's, der Mond schien helle,
schneebedeckt die grüne Flur,
als ein Wagen blitzeschnelle
langsam um die Ecke fuhr.

5 Drinnen saßen stehend Leute,
schweigend ins Gespräch vertieft,
als ein totgeschossner Hase
auf der Sandbank Schlittschuh lief.

Und auf einer roten Banke,
10 die blau angestrichen war,
saß ein blond gelockter Jüngling
mit kohlrabenschwarzem Haar.

Neben ihm 'ne alte Schachtel,
die kaum zählte sechzehn Jahr.
15 Und sie aß ein Butterbrot,
das mit Schmalz bestrichen war.

Droben auf dem Apfelbaume,
der sehr süße Birnen trug,
hing des Frühlings letzte Pflaume
20 und an Nüssen noch genug.

Volksgut

Da stimmt doch einiges nicht.
Findest du alle Widersprüche?

Am Schneesee

Es war einmal ein See, der war immer voll Schnee, darum nannten
ihn alle Leute nur Schneesee. Um diesen Schneesee wuchs Klee,
der Schneeseeklee, der wuchs rot und grün, und darin äste ein Reh,
das Schneeseekleereh, und dieses Schneeseekleereh wurde von einer Fee
5 geliebt, die fast so schön war wie Scheherezade, der überaus anmutigen
Schneeseekleerehfee. Diese Fee hatte, wie alle Feen dieser Gegend,
sechsundsechzig Zehen, fünfundsechzig zum Gehen und einen
zum Drehen, und dieser sechsundsechzigste Zeh war natürlich
der Schneeseekleerehfeedrehzeh.

10 Zehendrehen macht Spaß, doch einmal drehte die Fee im Übermut
ihren Zeh zu sehr und da tat der Drehzeh schrecklich weh.
Zum Glück wohnte am Schneesee eine weise Frau.

Die weise Frau, eine Heckenhexe mit zwei schrecklichen Hackenhaxen,
hockte grade vor einer Hucke Kräuter, als die kleine Fee gehumpelt kam.
15 „Guten Tag, beste Heckenhexe mit den Hackenhaxen!"
„Guten Tag, beste Schneeseekleerehfee mit den sechsundsechzig Zehen!
Doch was seh ich: Du humpelst? Was hast du denn?"

Da antwortete die Schneeseekleerehfee: „Schneeseekleerehfeezehweh!"
„Gehzehweh oder Drehzehweh?" „Drehzehweh!" „Dann ist es nicht
20 schlimm: Gehzehweh ist zäh und hält sich, doch Drehzehweh kommt
und vergeht jäh – und wodurch vergeht es? Natürlich durch der Heckenhexe herrlichsten Tee, den hellgelben Schneeseekleerehfeedrehzehwehtee!
Und einen solchen hellgelben Schneeseekleerehfeedrehzehwehtee
werde ich dir jetzt brauen."

Franz Fühmann

Warum heißen Löwen Löwen?

Warum heißen Löwen Löwen?
 Weil sie durch die Wüste löwen.

Warum heißen Tiger Tiger?
 Weil sie durch den Urwald tigern.

Warum heißen Robben Robben?
 Weil sie durch das Eismeer robben.

Warum heißen Bären Bären?
 Weil sie sich wie wild gebärden.

Warum heißen Luchse Luchse?
 Weil sie um die Ecke luchsen.

Warum heißen Fliegen Fliegen?
 Weil sie durch die Lüfte fliegen.

Warum heißen Stiere Stiere?
 Weil sie auf die Kühe stieren.

Warum heißen Stare Stare?
 Weil sie auf die Starin starren.

Warum heißen Hechte Hechte?
 Weil sie durch den Dorfteich hechten.

Warum heißen Aale Aale?
 Weil sie sich im Wasser aalen.

Warum heißen Enten Enten?
 Weil sie dies Gedicht beenten.

Bruno Horst Bull

Findet ihr noch andere Tiere?

Wie könnt ihr das Gedicht zu zweit vortragen? Sprecht darüber.

Ein Nasenhuhn

ein Nasenhuhn
ein Nasenzwerg
ein Nasenschwein
die gründeten
5 einen Verein

und als da kam
ein Ohrentier
da riefen sie:
„Was willst du hier?"

10 ein Ohrenhuhn
ein Ohrenzwerg
ein Ohrenschwein
die gründeten
einen Verein

15 und als da kam
ein Nasentier
da riefen sie:
„Was willst du hier?"

Jürgen Spohn

Getuschel

Die da
ist mit
der da da
und
5 der da
ist mit
dem da da
und
da ist
10 das da
damit da
und
die da
war mit
15 dem da da
als da
die da
den da sah

Jürgen Spohn

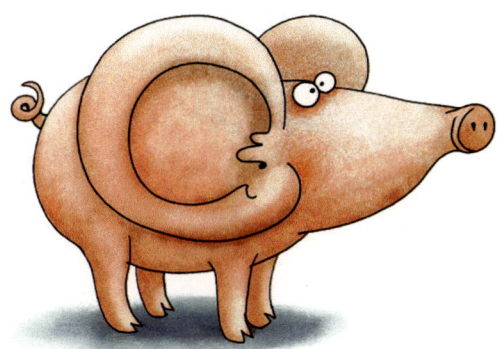

Redensarten in verschiedenen Sprachen

Polnisch:

Obnosić kogoś na językach.

Jemanden auf der Zunge herumtragen.

Türkisch:

Dereyi görmeden paçayı sıvama.

Krempel nicht die Hosen hoch,
bevor du nicht den Bach gesehen hast.

Englisch:

To err is human, to forgive divine.

Irren ist menschlich, verzeihen göttlich.

Italienisch:

Non è tutto oro quel che luccica.

Es ist nicht alles Gold, was glänzt.

Französisch:

C'est de la moutarde après dîner.

Das ist der Senf nach dem Mittagessen.

Ungarisch:

Egy csepp a tengerben.

Einen Tropfen ins Meer bringen.

Tschechisch:

Nosít dříví do lesa.

Holz in den Wald tragen.

Sei nicht voreilig.

Etwas Überflüssiges tun. (2 x)

Der äußere Schein trügt.

Über jemanden schlecht reden.

Das ist zu spät.

Es macht zwar jeder Fehler,
aber Fehler zu verzeihen, ist schwer.

Was bedeuten die Redensarten?
Ordne die Sätze zu.

Sprichwörtlich

Schon als Dreikäsehoch konnte Frau Klaglos kein Wässerchen trüben, geschweige denn bis drei zählen. Nicht für die Schule, sondern für
5 das Leben lernte sie, dass blinder Eifer nur schade und Übermut selten gut tue. Früh krümmt sich eben, was ein Häkchen werden will. Weil sie sich nicht in die Nesseln setzen wollte,
10 packte sie nie eine Gelegenheit beim Schopf, denn: Gelegenheit macht Diebe. Sie machte gute Miene zum bösen Spiel und kehrte nur vor ihrer eigenen Tür.

15 Am eigenen Herd, der Goldes wert war, löffelte sie die Suppe aus, die ihr die anderen eingebrockt hatten, und biss in den sauren Apfel, ohne zu merken, dass bereits ein Wurm
20 darinnen saß.
Eines Tages verirrte sie sich im Wald, den sie vor lauter Bäumen nicht sah. Als man sie fand, kam jede Hilfe zu spät: Sie hatte bereits den Ast abgesägt,
25 auf dem sie gesessen war.

Edith Thabet

Hier sind 18 Sprichwörter und Redensarten versteckt. Welche findest du?

Sprichwörter und Redensarten wörtlich genommen

Sie bindet ihm einen Bären auf.

Ihm geht ein Licht auf.

Steck doch den Kopf nicht in den Sand.

Mit dem Kopf durch die Wand gehen.

Soll ich dir Beine machen?

Aus allen Wolken fallen.

Wer kennt die Bedeutungen?

Wie Urmel auf die Insel Titiwu kam

In der Szene sprechen vier Personen.
Der Erzähler
Ping Pinguin sagt „pf" statt „sch".
Wawa, der Waran, spricht statt „z" immer „tsch".
Seele-Fant, der See-Elefant, spricht viele Vokale als „ö" oder „o".

Erzähler: Um dem Spott seiner Kollegen zu entgehen, hat sich Professor Habakuk Tibatong auf die kleine Insel Titiwu zurückgezogen. Gemeinsam mit seinem Adoptivsohn Tim Tintenklecks hat er es sich zur Aufgabe gemacht, den Tieren das Sprechen beizubringen. Der Waran Wawa, Pinguin Ping und der See-Elefant Seele-Fant, die alle kleine Sprachfehler haben, sind seine Schüler.
Ping Pinguin und Wawa, der Waran, befinden sich auf dem Weg zur Tier-Sprechschule.

Im Hintergrund Vogelgezwitscher

Ping Pinguin *(fragend)*: Ausgepflafen, Wawa?
Wawa *(selbstzufrieden)*:
Ich bin umgetschogen, Ping, und nach einem Umtschug schlaf ich immer gut.
Ping Pinguin *(fragend)*: Umgezogen? Wohin?
Wawa: In eine Riesenmuschel – gantsch plötschlich habe ich sie am Ufer gefunden.
Ping Pinguin *(sehnsüchtig)*: Pföön – das sind die besten Funde. *(eifrig)* Du, ich will deine Riesenmupfel sehen.
Wawa *(unsicher)*: Schule schwäntschen?
Ping Pinguin *(genervt)*: Ich habe heute pfon zwei Pftunden das „pf" geübt.

Wawa: Wozu? Das „pf" kannst du doch prima, aber das „sch", das musst du üben.
Ping Pinguin: Ich meine ja das „pf schhhhhh pfffffff ".

Wellenrauschen

Seele-Fant *(singt immer leiser werdend)*:
Öch woiß nöcht, was soll es bedeuten,
das Möör ist so töf, das Möör.
Und ich bin so traurög, so traurög,
mein Herz ist so schwör, so schwör.
Öch woiß nöcht, was soll es bedeuten,
das Wasser ist nass, so nass …

Im Hintergrund hört man neben dem Vogelgezwitscher Seele-Fant weitersingen.

Wawa *(erklärend, dabei presst er die Muschel-schalen mit den Vorderpfoten auseinander. Es entsteht ein lautes Geräusch wie mit einer Knarre: Krrrrrrrrrrrrk!)*
Sie ist so praktisch. Sie ist mein erstes Haus, das ich tschumachen kann. Pass auf! …
Krrrrrrrrrrrrk! (Die Muschel öffnet sich.)
Hier kann ich ungestört nachdenken. Die Sonne geht auf und unter und tschieht über mich hinweg …
Krrrrrrrrrrrrk! (Die Muschel schließt sich.)
Wawa *(mit dumpfer Stimme aus dem Inneren der Muschel)*:
… der Mond geht auf und unter und tschieht über mich hinweg und die Sterne tschiehen …
Ping Pinguin: Das ist aber ziemlich viel Geziehe. Hm?

Krrrrrrrrrrrrk! (Die Muschel öffnet sich ein bisschen.)

Wawa: Tschum Nachdenken ist das sehr gut. Wenn bloß mal der See-Elefant ein bisschen stiller wär. Er stört mich sogar durch die Muschel durch.

Wellenrauschen

Seele-Fant *(singt wieder lauter)*:
Öch woiß nöcht, was soll es bedeuten,
öch schaue zum Hömmelszölt
hinauf und ich bin a-hal-leine,
in Gottes Wölt, ja Wölt.
Seele-Fant *(spricht zu sich)*:
Nano. Was öst das dönn? *(Pause)*
Seele-Fant *(ruft)*: Hallo! Öhr da … Hallo!

Krrrrrrrrrrrrk! Die Muschel öffnet sich ein Stück weiter.

Ping Pinguin *(bittend)*: Ich möchte auch so eine pföne Mupfel.
Wawa *(empört)*: Aber das ist meine Muschel.
Seele-Fant *(ruft laut)*: Haaallllooo!
Ping Pinguin *(schwärmerisch)*: Die Pfterne ziehen über einen drüber … und der Mond zieht weg.
Wawa *(etwas genervt)*: Du musst dir halt auch so eine Muschel suchen.
Ping Pinguin *(begeistert)*: Und die Sonne, die pfeint pfön.
Seele-Fant *(rufend)*: Hallo, öhr boiden do. Seht mol. Da kommt wos. Lönks.

Wellenrauschen

Ping Pinguin: Pfau mal, ein Eisberg!
Wawa: Ein ganz ein eisiger.
Seele-Fant *(singt traurig)*:
Wie eiskalt äst der Eisberg.
Der Eisberg wird zu Wasser.
Und davon wird das Wasser
leidör nur noch nasser.

Ein Platschen ertönt. (Pause).

Ping Pinguin *(ruft von der Spitze des Eisbergs)*: Unter Wasser ist er mindestens dreimal so groß!
Wawa *(besorgt)*: Erkälte dir nur nicht den Bauch.
Ping Pinguin *(überheblich)*: Pffff. Er fängt pfon an zu tauen.
Seele-Fant *(zu sich)*: Ein Eisberg, der taut – wie traurög.
Seele-Fant *singt im Hintergrund*:
Ach wär es möglich dann,
der Eisberg nächt lang sterben kann …

Ping Pinguin *(aufgeregt)*: Hier steckt etwas! Etwas Eingefrorenes! Eine Mupfel – vielleicht eine Mupfel oder nur ein Ball. Ich glaube, wir müssen den Professor holen – pfnell!

Text: Max Kruse /
Bilder: Erich Hölle

Kennt ihr das Buch?

Kennt ihr den Film?

Das Nobnob

Das Nobnob fand,
es sei ein wunderbares Wort,
so sonderbar exotisch,
so seltsam, nie gehört.

5   War es vielleicht
eine schnelle Gazelle aus Hindustan?
Ein seidner Pantoffel aus Kurdistan?
War es ein seltner Fisch im Meer,
so ein leuchtender kleiner mit
10 Glaskugelaugen?
War's ein Raketenschwanz?
War's ein Stück Mondenglanz
oben am Himmel,
oder war es ein kohlschwarzer Schimmel?
15 Vielleicht war es auch ein Wüstenfloh
aus der Wüste Gobi oder so?

Doch nun
haben wir es umgedreht,
das Wort Nobnob,
20 denn Ordnung muss ja sein,
leider!

Da ist es nicht mehr sonderbar,
von seltsam keine Spur,
und nie gehört – ach was!
25 Da ist es nur mehr süß
von innen und von außen
und wird gelutscht
und wird geschluckt
und ist weg,
30 spurlos verschwunden –
das arme Bonbon.

Käthe Recheis

Erschaffe selbst solche Wörter.
Denke dir Bedeutungen für sie aus.

Und wenn sie nicht gestorben sind ...

Fast jedes Kind kennt inzwischen schon Geschichten zum Weiterspinnen. In vielen Kinderzeitschriften oder Lesebüchern stehen solche Geschichten- anfänge, die man dann fertig schreiben soll.
Hier ein etwas anderes Spiel: Ein Kind denkt sich einen Schlusssatz aus und das andere muss die passende Geschichte dazu erfinden. Ich habe den schwierigen Teil übernommen, das Schlüsse-Erfinden.
Den leichteren Teil überlasse ich euch. Also los:

... Und so verlor der arme, alte Ameisenbär seinen Kopf zum dritten Mal.

... Und da musste er Schluss machen, denn was hätte sein Stiefvater gesagt, wenn er noch klüger geworden wäre!

... Und bis heute weiß niemand, warum der Bär damals seine Socke nicht dabei- gehabt hatte.

... Und da legte das Huhn dasselbe Ei noch ein zweites Mal.

... Aber niemand wollte ihm glauben, obwohl er den Stoßzahn, die Fernseh- antenne und die tiefgekühlte Erdbeer- torte als Beweis auf den Tisch legte.

... „Aber wenn er mir doch so leid tut!", schniefte es, aber das nützte dem sechsten Geißlein gar nichts.

... „Na, seht ihr, ich bin der Dümmste", rief er triumphierend – und damit hatte er endgültig alles vermasselt.

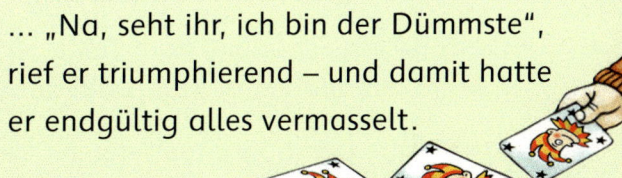

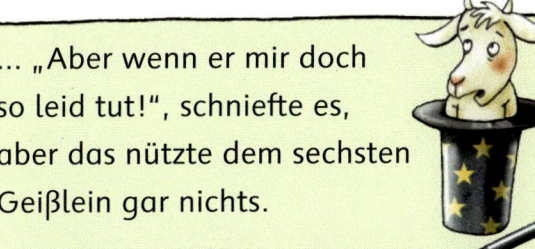

... Und wenn sie nicht gestorben sind, dann leben sie noch h... nein, aus irgendeinem Grund eignet sich dieser Schluss für dieses Spiel nicht. Vielleicht, weil er schon zu bekannt ist.

... Und deshalb gibt es elektrische Eierkocher.

Martin Auer

Das hilft dir, Texte besser zu lesen und zu verstehen

Vor dem Lesen

- Lies die Überschrift und betrachte die Bilder.
  Vermute, worum es in dem Text geht.

- Was weißt du schon über das Thema? Was möchtest du wissen?
  Was erwartest du?

- Verschaffe dir einen Überblick über den Text. Lies zwei Sätze
  vom Anfang, aus der Mitte und vom Ende des Textes.

Während des Lesens

- Wenn du etwas nicht verstanden hast, lies den Absatz
  oder den ganzen Text noch einmal.

- Kläre die unbekannten Wörter.
  Suche im Text. Schlage nach. Frage jemanden.

- Teile den Text in Absätze ein.
  Überlege dir für jeden Abschnitt eine Überschrift.

- Stelle W-Fragen an den Text:
  Wer? Was? Wann? Warum? Wo? Wie?

- Finde die wichtigen Wörter in jedem Absatz.

Alle Lese-Tipps auf einen Blick!

Nach dem Lesen

- Überprüfe: Welche deiner Vermutungen passen zum Text?
  Hat der Text deine Erwartungen erfüllt? Hast du Neues erfahren?

- Gestalte ein Schaubild zum Text.
  Erkläre jemandem, worum es in dem Text geht.

- Beschreibe und begründe, welche Lese-Tipps
  für dich bei diesem Text besonders hilfreich waren.

Hier siehst du alle Lese-Tipps.
Versuche, sie bei **jedem** Text anzuwenden.
Tausche dich zuerst mit deinem Partnerkind aus und dann
in der Gruppe: Welche Erfahrungen habt ihr gemacht?

Das dreihörnige Gesicht der Kreidezeit

Vor etwa 240 Millionen Jahren begann
das Erdmittelalter, das man in drei Zeit-
abschnitte einteilt: Trias, Jura und Kreide.
In der Trias sah die Welt noch ganz anders aus als heute:
5 Es gab nur einen einzigen zusammenhängenden Kontinent
namens Pangäa. Auf Pangäa war es heiß und trocken.
In dieser Zeit gab es die ersten Dinosaurier.
Im Jura spaltete sich Pangäa auf und die Erdteile schoben
sich auseinander. Dadurch wurde es auf der Erde feuchter
10 und große pflanzenreiche Wälder entstanden.
Während der Kreidezeit lebten vermutlich die meisten Dinosaurier.
Es war die Zeit der Hornsaurier, deren vielleicht bekanntester Vertreter
der Triceratops ist, das „dreihörnige Gesicht".
Der Triceratops hatte ein Skelett, das dem des Nashorns ähnelt,
15 er war aber mit 9 m Länge viel größer und konnte an die 5 Tonnen
auf die Waage bringen. Mit seinem beeindruckenden Nackenschild
und den drei Hörnern sah er sehr gefährlich aus. Sein papageienähnlicher
Schnabel zeigt aber, dass er ein reiner Pflanzenfresser war.
Seine Waffen dienten ihm möglicherweise zur Verteidigung
20 gegen seine Feinde, den riesigen Tyrannosaurus Rex und
den kleineren Deinonychus, oder im Kampf gegen Nebenbuhler.
Am Ende der Kreidezeit, vor etwa 65 Millionen Jahren,
starben die Dinosaurier aus. Bis heute gibt es zwar verschiedene
Vermutungen, aber man weiß nicht genau, warum das geschah.

Vor dem Lesen

• Vermute, worum es in dem Text geht.

Bild betrachten

Das dreihörnige Gesicht der Kreidezeit

Überschrift lesen

Kreidezeit hab ich schon mal gehört, ich glaube, da geht es um Dinos.

• Was weißt du schon über das Thema?
Was möchtest du wissen? Was erwartest du?

Notiere in dein Lerntagebuch.

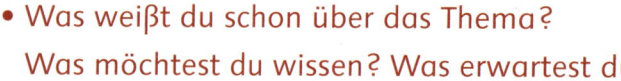

Das weiß ich schon	Das möchte ich erfahren Das erwarte ich
Dinosaurier sind vor langer Zeit ausgestorben. Es gab Pflanzenfresser und Fleischfresser. Manche Dinosaurier konnten fliegen.	Um welchen Dinosaurier geht es? Wieso dreihörniges Gesicht? Wann hat er gelebt? Was hat er gefressen?

• Verschaffe dir einen Überblick über den Text. Lies zwei Sätze vom Anfang, aus der Mitte und vom Ende des Textes. Lies danach den ganzen Text.

Der Text informiert mich über Dinosaurier in der Kreidezeit. Es ist ein Sachtext.

Während des Lesens

• Wenn du etwas nicht verstanden hast, lies den Absatz oder den ganzen Text noch einmal.

• Kläre die unbekannten Wörter.

Im Text nach
Erklärungen suchen

In der Trias sah die Welt noch ganz anders aus als heute:
Es gab nur einen einzigen zusammenhängenden Kontinent
namens Pangäa. Auf Pangäa war es heiß und trocken.

Im Lexikon
nachschlagen

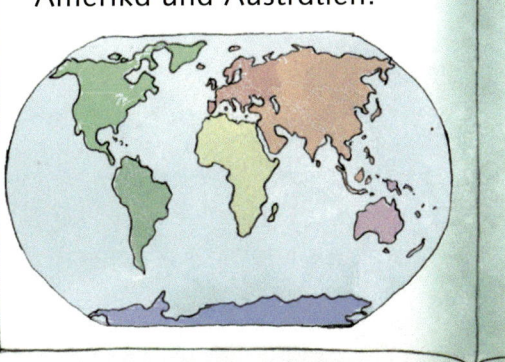

K Kontinent:
→ Erdteil
große zusammenhängende
Landteile der Erdoberfläche.
Es gibt die fünf Kontinente
Europa, Asien, Afrika,
Amerika und Australien.

Jemanden fragen

Nebenbuhler sind
Männchen, die sich um
ein Weibchen streiten.

• Teile den Text in Absätze ein.
  Überlege dir für jeden Absatz eine Überschrift.
• Finde die wichtigen Wörter in jedem Absatz
• Stelle W-Fragen an den Text.

Notiere in dein Lerntagebuch.

W-Fragen stellen

Wann begann das Erdmittelalter?
Was heißt Dinosaurier übersetzt?
Welche Feinde hatte ein Triceratops?
Wie …

Die Pangäa

Überschriften finden

Vor etwa 240 Millionen Jahren begann
das Erdmittelalter, das man in drei Zeit-
abschnitte einteilt: Trias, Jura und Kreide.
In der Trias sah die Welt noch ganz anders aus als heute:
5 Es gab nur einen einzigen zusammenhängenden Kontinent
namens Pangäa. Auf Pangäa war es heiß und trocken.
In dieser Zeit gab es die ersten Dinosaurier.

Wichtige Wörter
finden

Abschnitte finden

Zeit der Hornsaurier

Im Jura spaltete sich Pangäa auf und die Erdteile schoben
sich auseinander. Dadurch wurde es auf der Erde feuchter
10 und große pflanzenreiche Wälder entstanden.
Während der Kreidezeit lebten vermutlich die meisten Dinosaurier.
Es war die Zeit der Hornsaurier, deren vielleicht bekanntester Vertreter
der Triceratops ist, das „dreihörnige Gesicht".

Der Triceratops

Der Triceratops hatte ein Skelett, das dem des Nashorns ähnelt,
15 er war aber mit 9 m Länge viel größer und konnte an die 5 Tonnen
auf die Waage bringen. Mit seinem beeindruckenden Nackenschild
und den drei Hörnern sah er sehr gefährlich aus. Sein papageienähnlicher
Schnabel zeigt aber, dass er ein reiner Pflanzenfresser war.
Seine Waffen dienten ihm möglicherweise zur Verteidigung
20 gegen seine Feinde, den riesigen Tyrannosaurus Rex und
den kleineren Deinonychus, oder im Kampf gegen Nebenbuhler.

Ausgestorben

Am Ende der Kreidezeit, vor etwa 65 Millionen Jahren,
starben die Dinosaurier aus. Bis heute gibt es zwar verschiedene
Vermutungen, aber man weiß nicht genau, warum das geschah.

Nach dem Lesen

- Gestalte ein Schaubild zum Text.

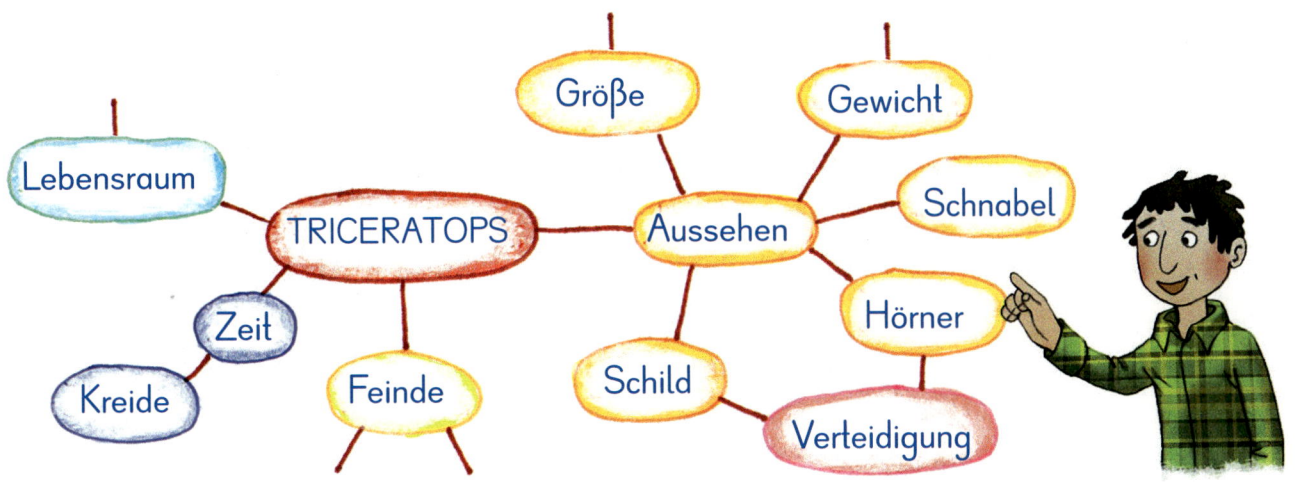

- Erkläre jemandem, worum es in dem Text geht.
  Nutze dazu deine Überschriften zu den Absätzen,
  deine wichtigen Wörter und dein Schaubild.

- Überprüfe in deinem Lerntagebuch: Welche deiner Vermutungen passen zum Text?
  Hat der Text deine Erwartungen erfüllt? Hast du Neues erfahren?

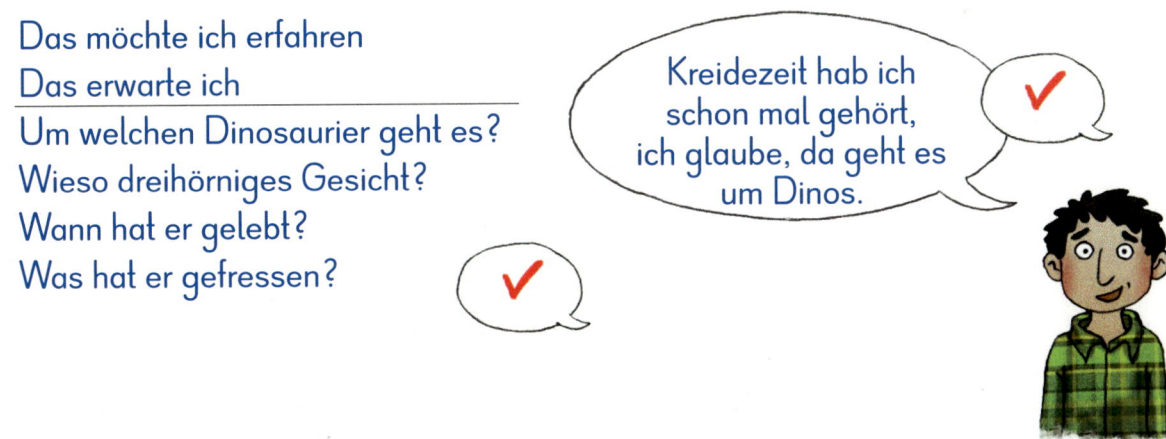

Nicht bei jedem Text helfen alle Lese-Tipps gleich gut.

Probiere es erst alleine aus. Vergleiche dann mit einem Partnerkind.

Haben euch dieselben Tipps geholfen?

Tauscht euch in der Gruppe darüber aus, welche Tipps besonders hilfreich waren.

Das hilft dir, verschiedene Textarten zu erkennen

Sagen sind oft schon sehr alt, früher wurden sie mündlich weitererzählt.
Daran kannst du Sagen erkennen:

- Sagen gehören zu einer bestimmten Heimatregion.
  Meistens wird der Ort genannt.
- Sagen beziehen sich häufig auf etwas, das es in der Wirklichkeit gibt.
- Sagen erklären oft, woher ein Name kommt oder wieso etwas in der Natur
  vorkommt, wie zum Beispiel ein Felsen, der eine besondere Form hat.
- In Sagen passieren aber auch merkwürdige und magische Dinge.
  Es kommen auch Drachen, Zwerge oder der Teufel vor.
- Manchmal werden die Taten eines Helden erzählt. Das ist eine Heldensage.

Der Teufel und der Erler Wind

Der Erler Wind bläst am Vormittag ungestüm durch das bayerische Inntal und bewirkt oft einen Wetterumschwung.
Von der Entstehung dieses Windes erzählt man sich Folgendes:
Der Teufel schloss sich einst dem Wind an. Sie jagten beide wie die wilde Jagd durch das Inntal. Als sie auf der Höhe von Windshausen-Kirnstein waren, schrie der Teufel dem Wind zu: „Warte hier, ich komme gleich wieder. Ich muss nur in Erl noch schnell etwas erledigen." Augenblicklich war der Teufel nach Süden verschwunden. Der Erler Wind aber wartet heute noch auf die Rückkehr des Teufels.

Auf den Seiten 108 und 150
findest du noch andere Sagen.
Welche Sagen gibt es aus deiner Umgebung?

Fabeln sind kurze Erzählungen, in denen Tiere sprechen können.

Daran erkennst du Fabeln:

- Die Tiere verhalten sich wie Menschen.
- Die Tiere in einer Fabel sind oft Gegenspieler.
- Meistens geht es in Fabeln um typisch menschliche Eigenschaften wie Neid, übertriebener Ehrgeiz, Faulheit oder Boshaftigkeit.
- In der Fabel ist der Fuchs oft schlau, der Rabe ist eitel, der Wolf ist grimmig, das Schaf ist dumm, der Löwe ist stark, die Maus ist mutig.
- Fabeln enthalten immer eine Lehre für richtiges Verhalten. Diese Lehre nennt man Moral.

Rabe und Fuchs

Ein Rabe hatte einen Käse gestohlen. Krächzend wollte er ihn hoch oben auf einem Baum verzehren. Ein vorbeikommender Fuchs hörte den Raben und hätte den Käse gern selbst gehabt. Eilig begann er den Raben zu loben: „O Rabe, was bist du für ein wunderbarer Vogel! Dich sollte man zum König aller Vögel krönen, so schön hört dein Gesang sich an." Dem Raben taten diese Schmeicheleien so wohl, dass er seinen Schnabel weit aufsperrte, um noch lauter zu singen. Da entfiel ihm der Käse. Flink nahm der Fuchs den Käse, fraß ihn und lachte über den törichten Raben.

Wie hört sich der Fuchs an, wenn er schmeichelt? Probiert es aus.

Ihr könnt die Fabel auch spielen. Dann merkt ihr schnell, welche Moral sich dahinter verbirgt.

Betrachte die Texte auf den Seiten 36/37 und 109. Sind es Fabeln? Begründe.

Gedichte haben ein besonderes Schriftbild.

Sie sind oft in Absätze unterteilt. Diese Absätze heißen Strophen.

Die einzelnen Zeilen der Gedichte heißen Verse.

- Es gibt ungereimte und gereimte Gedichte.
  Gereimte Gedichte können ein unterschiedliches Reimschema haben,
  zum Beispiel einen Paarreim oder einen Kreuzreim.
- In manchen Gedichten ändert sich das Reimschema.
- Viele Gedichte musst du mehrmals lesen, damit du sie verstehst.

Pflaumenbaum

Im Hofe steht ein Pflaumenbaum,
Der ist klein, man glaubt es kaum.
Er hat ein Gitter drum,
So tritt ihn keiner um.

Der Kleine kann nicht größer wer'n.
Ja größer wer'n, das möchte er gern.
's keine Red davon.
Er hat zu wenig Sonn.

Den Pflaumenbaum glaubt man ihm kaum,
Weil er nie eine Pflaume hat.
Doch er ist ein Pflaumenbaum,
Man kennt es an dem Blatt.

Bertolt Brecht

Diese Strophe hat einen Paarreim.
Je zwei aufeinander folgende Verse
reimen sich:

a baum   b drum
a kaum   b um

Das Reimschema ist also a a b b.

Manche Gedichte haben
einen Kreuzreim. Hier stehen
die Reimwörter „über Kreuz".
Es reimen sich der erste und
der dritte, der zweite und
der vierte Vers.
Reimschema: a b a b.

Suche im Kapitel Winter nach Gedichten.
Wie viele sind gereimt? Wie viele sind ungereimt?

Werbeprospekte

- Prospekte informieren über etwas Bestimmtes und werben dafür.
- Prospekte enthalten viele Angaben und meistens Fotos oder bunte Bilder.
- Oft sind einzelne Aussagen in Prospekten mit Schriftarten, Schriftgrößen, Farben oder Satzzeichen besonders hervorgehoben.
- In den Prospekten werden viele Adjektive und oft auch englische Wörter verwendet.

Formuliert richtige und falsche Aussagen zu dem Werbeprospekt.
Überlegt, wofür ihr werben möchtet.
Sammelt „Werbewörter".
Gestaltet selbst einen Prospekt.

Ich – Du – Wir

Herrn Bremser geht ein Licht auf

Luise, genannt Pünktchen, ist richtig sauer! Ihr Freund Anton kümmert sich tagsüber um seine kranke Mutter und verkauft, damit sie überhaupt Geld haben, nachts Schnürsenkel – heimlich natürlich. Kein Wunder, dass Anton immer müde ist und in der Schule nicht ordentlich aufpassen kann.
Und ausgerechnet deswegen will der Lehrer Antons Mutter einen Brief schreiben. Höchste Zeit, dass Herrn Bremser ein Licht aufgeht, findet Pünktchen und macht sich auf den Weg.

Pünktchen findet Herrn Bremser im Lehrerzimmer.

„Antons Mutter
ist sehr krank!"
„Das wusste ich nicht."

„Anton muss
kochen!"
„Das wusste
ich nicht."

„Anton muss
Geld verdienen!"
„Das wusste
ich nicht."

„Anton arbeitet
Tag und Nacht!"

"Wenn Antons Mutter einen Brief aus der Schule bekommt, wird sie wieder krank!"

"Ich werde den Brief nicht schreiben."

"Vielen Dank! Erzählen Sie Anton nichts."

"Ich danke dir. Anton sage ich nichts."

Text: Erich Kästner
Bilder: Isabel Kreitz

"Pünktchen und Anton" ist eigentlich ein Kinderbuch. Isabel Kreitz hat daraus einen Comic gemacht.

Wandas geheimes Tagesbuch

GEBOREN AM 13. NOVEMBER
ZU HAUSE
WOHNORT: AM LIEBSTEN
IN DER UHLANDSTRASSE
BEI ILSE LICHTENBERG
ABER OHNE BLÖDE NACHBARN
HOBBYS: MALEN, LESEN
LIEBLINGSTIER: WUSCHELMEIER
MAG: DRAUSSEN SEIN,
HEIDELBEERPFANNKUCHEN,
KATTI, ZIMTBRÖTCHEN
MAG NICHT: TOFU-GULASCH,
REITKAPPEN, ANGEBER,
FÖHNFRISUREN, AUFRÄUMEN

WANDA LICHTENBERG

Nee, ne! Wanda kann es nicht fassen. Ausgerechnet Fabian Schilling, der Hitzefrei-verhinderer, zieht nebenan ein. Mitsamt seiner Familie, die ganz bestimmt genauso grässlich ist wie Fabian. Schlimm genug, dass Wanda ihn seit vier Wochen täglich in der Schule ertragen muss. Aber dass er ihr jetzt auch noch zu Hause auf die Nerven geht, ist wirklich die Höhe!

MONTAGNACHMITTAG

So ein Mist! Dabei habe ich so gut aufgepasst. Ich will zu Katti gehen und habe wirklich genau geprüft, ob die Luft rein ist. Trotzdem hält, gerade als ich durch das Gartentürchen gehe, ein dunkelblauer Passat neben mir.
Und wer steigt aus? Fabian und seine Mutter.
„Hallo Wanda!", sagt Fabian. „Wir sind jetzt Nachbarn."
„Wer hätte das gedacht?", brumme ich finster und will mich gerade verdrücken, als Mama mit ihrem Fahrrad um die Ecke biegt.
„Hallo", strahlt sie. „Sie müssen unsere neuen Nachbarn sein. Mein Name ist Ilse Lichtenberg und das ist meine Tochter Wanda."

„Waltraud Schilling", sagt Frau Schilling und schüttelt Mama die Hand.
„Und du bist also die Wanda!", sagt sie und lächelt zuckersüß zu mir runter. „Du müsstest ungefähr in Fabians Alter sein."
„Klar ist sie das. Sie geht ja in meine Klasse", sagt Fabian und strahlt, als hätte er Amerika noch vor Kolumbus entdeckt.
Natürlich tut sich jetzt keine Erdspalte auf, um mich zu verschlucken, sondern Mama sagt genau das, was ich befürchte:
„Das ist aber nett. Wanda hat sich schon immer ein paar Kinder in der Nachbarschaft gewünscht. Und jetzt ist es sogar ein Klassenkamerad …"
„Klassenkamerad! Wenn ich das schon höre. Ein blöderes Wort gibt es auf der ganzen Welt nicht."

Schimpfwörter-Liste für Fabian Schilling:

FABIAN SCHILLING IST EIN:
(ZUTREFFENDES BITTE ANKREUZEN)

RADIERGUMMISCHONER ✗
MÜSLISORTIERER ✗
ESELSOHRENBÜGLER ✗
PAUSENBROT-AUFESSER ✗
MÜTZERICHTIGRUMAUFSETZER ✗
!! SENKRECHTMELDER ✗ !!!
HITZEFREIVERHINDERER ✗
RECHENKÄSTCHENNACHMESSER ✗
TINTENKILLERNIEMALSBENÖTIGER ✗
KREIDEAUFHEBER ✗
SCHNÜRSENKELBÜGLER ✗

Dagmar Geisler

Wandas streng geheime Notizen
Dagmar Geisler
Doppel-Band

Hier lernst du Wanda kennen.
Was weißt du jetzt über sie?

Schimpfwörter sind eigentlich nicht witzig. Bei Wanda schon! Überlegt, warum.

Vorsicht, die Herdmanns

Die Herdmanns – Ralf, Eugenia, Leopold, Klaus, Olli und Hedwig –
waren die schlimmsten Kinder aller Zeiten. Sie logen und
rauchten Zigarren und steckten Sachen in Brand und schlugen
kleine Kinder und fluchten und schwänzten die Schule. Sie kamen nur
5 zum Unterricht, wenn sie wollten, und wenn sie dann da waren,
lernten sie nichts. Aber am ersten Schultag waren sie immer da.
So wusste man gleich, dass es wieder ein aufregendes Herdmann-Jahr
an unserer Schule werden würde.

Die Geschichte mit dem Lehrerzimmer

10 Wenn die Lehrer nichts Besseres zu tun hatten, verzogen sie sich
ins Lehrerzimmer im dritten Stock. Aber niemand sonst
durfte dort jemals reingehen.
„Aber was machen sie denn da?", wollte mein Bruder Charly wissen.
„Sie gehen rein und rauchen Zigaretten und trinken Cola."
15 Das sagte Eugenia Herdmann. „Niemand wird reingelassen,
der nicht das Passwort kennt. Und sie haben jeden Tag ein neues.
Einmal war es ‚Makkaroni mit Käse'."
„Hast du es ausprobiert?", fragte Charly. „Bist du reingekommen?"
„Ich möchte gar nicht rein." Eugenia verpasste ihm einen düsteren
20 Herdmann-Blick. „Wenn ein Kind diesen Raum betritt,
lassen sie es nie wieder raus. Erinnerst du dich an Lukas Weber?
Hast du ihn in letzter Zeit gesehen?"
„Nein, der hat ja auch Mumps."
„Glaubst du. Lukas wurde im Lehrerzimmer gefangen genommen."

S. 168 Textwerkstatt

25 Ich denke, das ging sogar Charly zu weit. Dieses Mal glaubte Eugenia
   niemand. „Warte nur, bis Lukas wieder da ist!", sagten die Kinder.
   Aber Lukas kam nicht wieder. Merkwürdig war es schon. Ich war nicht
   die Einzige, die über die Sache nachdachte. Und ich war auch nicht
   die Einzige, die sich Gründe überlegte, das Lehrerzimmer lieber zu
30 meiden. Mit einem Mal waren Kinder nicht mehr in der Lage,
   Treppen zu steigen. Alice Wendlaken hatte angeblich einen verknacksten
   Zeh. Nur Leonie Grothe sagte einfach die Wahrheit:
   „Ich glaube nicht, dass Eugenia Herdmann recht hat. Und ich glaube
   nicht, dass Kinder einfach im Lehrerzimmer verschwinden.
35 Aber vielleicht stimmt es ja auch alles doch, und ich habe keine Lust,
   das auszuprobieren."
   Dann wurden zwei Lehrer und eine Oberschulrätin und Frau Wendlaken,
   Alices Mutter, versehentlich im Lehrerzimmer eingesperrt.
   Anderthalb Stunden waren sie da drinnen, schlugen gegen die Tür,
40 schrien und warfen sogar Sachen aus dem Fenster. Aber niemand sah
   oder hörte sie, weil sich keiner mehr in der Nähe des Lehrerzimmers
   aufhielt.
   Und ausgerechnet Eugenia Herdmann war diejenige,
   die sie am Ende befreite.

Warum sind sich die Kinder nicht sicher, dass Eugenia lügt?

45 Sie sagte, sie habe erst dagestanden und überlegt, was sie tun solle.

Als Frau Wendlaken das hörte, bekam sie einen Anfall.

„Was sie tun soll!", kreischte sie. „Natürlich uns rauslassen!"

„Aber es ist das Lehrerzimmer", sagte Eugenia und guckte erschrocken.

„Wir dürfen nicht ins Lehrerzimmer."

50 „Aber du darfst Leute aus dem Lehrerzimmer rauslassen!",
schrie Frau Wendlaken. Und dann wurde die Oberschulrätin sauer
auf Frau Wendlaken.

„Dieses Kind hat uns alle gerettet", sagte sie. „Und wir sollten ihm
dankbar sein."

55 Die ganze Geschichte kam in die Zeitung.

„Außer Lukas Weber", sagte Charly. „Über Lukas Weber
wurde nichts geschrieben." Unsere Mutter wunderte sich:
„Warum, bitte schön, sollte Lukas Weber im Lehrerzimmer sein?
Die ganze Familie ist doch nach Toledo umgezogen."

60 Aber Eugenia sagte später zu Alice:
„Warum glaubst du, habe ich die Tür aufgemacht?
Um die Lehrer rauszulassen? Ich habe Lukas rausgelassen."

Barbara Robinson

Die Herdmanns
kannst du auch
„einfach lesen".
Es gibt sie auch
als Hörspiel.

Wieso kann Lukas
nicht mehr in die
Schule?

Streiten muss sein!

Streiten muss sein!	Nein, nein!
Streiten macht frei!	Es ist bloß Geschrei!
Streiten tut gut!	Es steigert die Wut!
Streiten macht Spaß!	Es erzeugt Hass!
Streiten ist fein!	Streit ist gemein!

Und was machen die beiden?

Sie streiten!

Irmela Brender

Tragt die Gedichte als Rap vor.

Umkehrung?

Wer hat mit dem Zwist angefangen?
Er doch! Ja, er!
Und sie dort! Mitgegangen, mitgehangen!

Nein, gerade andersherum:
Ihr habt angefangen, ihr!
Und zuallererst du
und deshalb und darum …

Sprecht das Gedicht mit verteilten Rollen. Entscheidet, wie viele Sprecher es geben soll.

Fragen wir etwa verkehrt?
Angenommen, man fragte immer:
Wer hat zuerst aufgehört?
Man fragte sie, ihn, dich, mich.
Und jeder könnte guten Gewissens sagen:
Ich!

Hans Manz

Streiten lernen

Wenn Steinböcke miteinander streiten, kracht es. Sie schlagen ihre Hörner mit Gewalt gegeneinander. Trotzdem sind sie fair. Der Angreifer schlägt nicht etwa gleich
5 los. Er wartet, bis sein Gegner in den steilen Felsen festen Stand gefunden hat. Keiner soll in den Abgrund stürzen.
Das Fairsein scheinen junge Steinböcke richtig zu lernen. Ein Tierforscher hat das
10 beobachtet. Wenn die Raufbolde aufeinander losgehen, ist ein erwachsener Bock Schiedsrichter.

Tut einer der Kämpfer etwas Unerlaubtes, hakt er mit seinen Hörnern dazwischen.
15 Er schiebt die des Unfairen sanft zur Seite. Auch wir Menschen müssen das Streiten erst lernen. Zunächst, dass wir unseren Streit im Gegensatz zu den Tieren nicht mit Kraft, sondern mit Worten regeln sollten.
20 Aber müssen wir überhaupt streiten? Streiten ist wichtig! Denn Ärger hinunterzuschlucken macht krank. Da steckt die Wut bloß im Bauch und eines Tages „platzt" man dann vielleicht wegen einer
25 ganz harmlosen Sache. Und: Wer richtig streitet, ist am Ende nicht mehr sauer auf den anderen. Er versteht ihn sogar ein bisschen. Es ist nämlich meistens so: Bei einem Streit hat jeder ein wenig Recht
30 und jeder ein wenig Unrecht. Deshalb ist es wichtig, dem anderen zuzuhören und anzuerkennen, wo man Unrecht hat. Wenn jeder einsieht, dass auch er nicht alles richtig gemacht hat, dann kann jeder
35 auch ein wenig nachgeben. Und schon ist der Streit beendet!

Falsch streiten ist:
- herumzuschreien
- nicht zuzuhören
- den anderen nicht zu Wort kommen zu lassen
- zu drohen und dem anderen Angst einjagen zu wollen
- handgreiflich zu werden
- nicht nachzugeben

Richtig streiten ist:
- ruhig, aber bestimmt zu sagen, was man meint
- zuzuhören, was der andere sagt
- den anderen ausreden zu lassen
- höflich zu bleiben
- nicht anzugeben
- auf keinen Fall handgreiflich zu werden
- bereit zu sein, eine für beide gerechte Lösung zu finden

Warum kann Streit wichtig sein? Lies die Textstelle vor.

Gestern war wieder was los!

Ich bin Christine und Streitschlichterin an unserer Schule. Montags haben Lukas und ich Dienst auf dem Hof. Manchmal kann das echt langweilig sein, aber
5 gestern wurden wir zu einer richtig brenzligen Situation geholt. Leos Knie blutete und Anna weinte. „Können wir euch bei eurem Streit helfen?", fragte Lukas.
10 Im Schlichtungsraum erklärten wir ihnen unsere Regeln und dass unser Prinzip „win-win" heißt. Das bedeutet, es gibt keinen Verlierer, beide sollen aus unserer Vermittlung einen Vorteil ziehen.
15 Leo wusste gar nicht, warum Anna ihn plötzlich geboxt und geschubst hatte: „Ich habe überhaupt nichts gemacht!"

Anna berichtete schließlich, dass sie sich schon in der ersten Pause schrecklich über
20 Leo geärgert hätte: „Nie gibst du den Ball ab. Alle anderen wollen auch mal in den Korb werfen. Ich bin ebenso gut und lasse die anderen mitspielen. Du willst bloß angeben!"
25 Leo dagegen hatte auf Bewunderung und Anerkennung für sein Spiel gehofft. Im Gespräch wurde ihm klar, warum Anna so sauer auf ihn war. Beide fanden ihre Entdeckungen richtig
30 spannend. „Wir sind Detektive, den Gefühlen auf der Spur." Jetzt hatten beide auch gute Ideen für den Ausgleich. Leo beschloss, in den nächsten drei Tagen nach jedem Wurf
35 den Ball wieder abzugeben, und Anna verpflichtete sich, drei Tage lang eine gerechte Schiedsrichterin zu sein. Dieses Amt ist nämlich bei uns nicht sehr begehrt.
40 Wir unterschrieben darüber alle vier einen Vertrag. Lukas und ich waren mit dem erfolgreichen Gespräch und unserer Arbeit sehr zufrieden. Wir fanden, Leo und Anna
45 hatten sich wirklich bemüht und auch Vertrauen zu uns gehabt.

Ingeborg Hinz

Unsere Regeln für das Schlichtungsgespräch:
1. Zuhören ohne Unterbrechungen
2. Fair sein, z. B. keine Beleidigungen oder Schuldzuweisungen
3. Offenheit und Ehrlichkeit: Die Wahrheit muss auf den Tisch.
4. Vertraulichkeit: Was wir besprechen, bleibt unter uns.

Welche Regeln gibt es in deiner Klasse?

Opas Geschichte

Schule ist immer ein Drama zu Hause. Meine Mutter heult   Schule ist ein Drama
und mein Vater motzt mich an. Sie so zu sehen, macht
mich ganz unglücklich. Aber was soll ich machen?
Ihnen fällt nichts anderes ein, als immer wieder dasselbe:

5   „Du musst **mehr lernen**!"   mehr lernen
„Lernen!" – „Lernen!" – „Lernen!"

Gut, ich habe verstanden. Ich würde gerne mehr lernen;
das Problem ist nur, dass es mir **nicht gelingt**. Alles, was   gelingt nicht
in der Schule vor sich geht, kommt mir chinesisch vor.

10   Zum einen Ohr geht es rein und zum anderen wieder
raus. Sie haben mich zu Tausenden von Ärzten geschleppt,
für die Augen, für die Ohren und sogar fürs Gehirn.
Und das Ergebnis dieser ganzen verlorenen Zeit:
Ich hab ein **Konzentrationsproblem**.   Konzentrationsproblem

15   **Großvaters Schuppen** ist der Ort, an dem ich mich   Großvaters Schuppen
auf der Welt **am glücklichsten** fühle. Obwohl es nichts   am glücklichsten
Großartiges ist. Ein Schuppen ganz hinten im Garten,
worin es im Winter zu kalt und im Sommer zu heiß ist.
Sooft ich kann, bin ich dort. Um zu basteln, um Werk-

20   zeuge oder Holzteile auszuleihen, um meinem **Opa Léon**   Opa Léon
bei der Arbeit zuzusehen, um ihn um Rat zu fragen
oder ganz einfach nur so.

Als er erfuhr, dass ich die dritte Klasse wiederholen
muss, nahm mich Opa Léon auf seine Knie und erzählte

25   mir die **Geschichte vom Hasen und der Schildkröte**.   die Geschichte
Ich erinnere mich sehr genau, wie ich mich an ihn   vom Hasen und
kuschelte und seiner sanften Stimme zuhörte.   der Schildkröte

> Hast du auch so einen
> ganz besonderen Ort?
> Erzähle davon.

Die Schildkröte und der Hase

Ein Hase lachte einmal eine Schildkröte aus, weil sie so langsam war. Die Schildkröte fragte den Hasen, ob er Lust auf einen Wettlauf hätte, und der sagte gleich zu, weil er sicher war, dass er gewinnen würde.

Die beiden machten ein Ziel aus und stellten sich auf. Ganz, ganz langsam kroch die Schildkröte. Flott und sich seines Sieges sicher sprang der Hase davon. Der Hase setzte sich kurz vor dem Ziel in die Wiese, denn die mächtigen Sprünge hatten ihn doch müde gemacht. Tatsächlich schlief er ein.

Auf einmal wurde er wach und hörte die Zuschauer jubeln. Die Schildkröte hatte das Ziel erreicht. Sie hatte gewonnen!

„Siehst du, mein Großer, niemand setzte auch nur einen Heller auf diese blöde Schildkröte, sie war

30 viel zu langsam … Und dennoch hat sie gewonnen. Und weißt du, warum? Sie hat gewonnen, weil sie mutig und beherzt war.

Und du, David, bist auch mutig …
Ich weiß es, ich habe dich bei der Arbeit

35 beobachtet. Wie du Stunden damit verbracht hast, in der Kälte ein Stück Holz abzuschmirgeln oder deine Modellentwürfe anzumalen …
Für mich bist du wie diese Schildkröte."

Anna Gavalda

Schildkröte viel zu langsam
dennoch gewonnen
weil sie mutig
und beherzt war

David auch mutig

wie diese Schildkröte

Wie merkt sich unser Gehirn Dinge?

Wissenschaftler haben herausgefunden, dass unser Gehirn
in mehreren Schritten arbeitet. Neuigkeiten von Augen oder Ohren
werden gleich ans Kurzzeitgedächtnis geschickt. Das heißt so,
weil es Informationen nur ein paar Sekunden bis Minuten speichert.

5 Oft reicht das vollkommen aus: etwa um einen Satz nieder-
zuschreiben, den euch der Lehrer diktiert hat. Oder um sich
eine Telefonnummer zu merken. Seht euch mal kurz die Zahl
3-9-1-8-1-3-7 an.
Und jetzt wiederholt ihr sie. Das ist kein Problem, oder?

10 Nach ein paar Augenblicken verblassen Wörter und Zahlen
im Kurzzeitgedächtnis. Aber natürlich gibt es Sachen,
die wir uns länger merken müssen. Deshalb werden sie
an das Langzeitgedächtnis weitergeleitet. Das kann Wörter,
Bilder, Gerüche oder Töne jahrelang speichern. Allerdings hat
15 es einen strengen Wächter: das limbische System. Dieser Hirn-
bereich überprüft jede Neuigkeit genauestens. Ist sie wichtig?
Oder wenigstens witzig? Viele Nachrichten wirft das System
einfach weg. Andere lässt es durch, besonders solche, bei denen
ihr starke Gefühle verspürt.

38   S. 169   Textwerkstatt

20 Bei Dingen, die Spaß machen, läuft unser Oberstübchen
zur Höchstform auf.
Was uns nicht interessiert, ist für unser Gedächtnis hingegen
ein harter Brocken. Erinnert ihr euch noch an die Nummer,
die ihr gerade gelesen habt? 3...?

25 Die ist jetzt wahrscheinlich weg, stimmt's? Denn die fand
euer limbisches System öde, und deshalb hat es sich geweigert,
sie ins Langzeitgedächtnis zu lassen.

Woran erinnerst du dich gut? Woran nicht?

🙂 Das kann ich schon: einen schwierigen Sachtext verstehen

Wie wir uns Dinge lange merken

Wie das Langzeitgedächtnis arbeitet, wissen Forscher
bis heute nicht genau. Fest steht: Das limbische System schickt
wichtige Nachrichten an verschiedene Stellen der Großhirnrinde.
Die Großhirnrinde ist der schlaueste Teil unseres Gehirns und ähnelt
5 einem Dschungel. Sie besteht aus vielen Milliarden Nervenzellen,
die miteinander verwoben sind. Durch diesen Urwald sausen
die Gedanken von einer Zelle zur nächsten. Dabei hinterlässt
jeder Gedanke eine eigene Spur im Gehirn – fast wie Abenteurer,
die sich durch den Dschungel schlagen. Diese Spur kann das Gehirn
10 später wiederfinden. Dann erinnern wir uns zum Beispiel an Namen
und Bilder.

Stefan Greschik

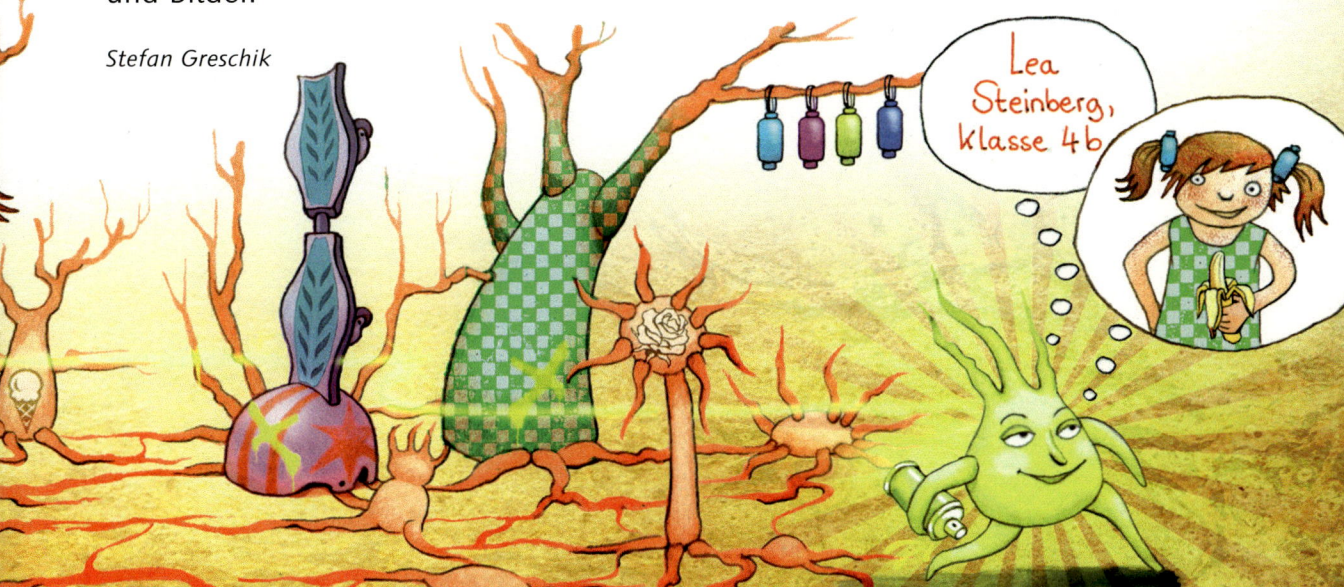

Lea Steinberg, Klasse 4b

Herbst

Herr von Ribbeck auf Ribbeck im Havelland

Herr von Ribbeck auf Ribbeck im Havelland,
Ein Birnbaum in seinem Garten stand,
Und kam die goldene Herbsteszeit
Und die Birnen leuchteten weit und breit,
5 Da stopfte, wenn's Mittag vom Turme scholl,
Der von Ribbeck sich beide Taschen voll,
Und kam in Pantinen ein Junge daher,
So rief er: „Junge, wiste 'ne Beer?"
Und kam ein Mädel, so rief er: „Lütt Dirn,
10 Kumm man röwer, ick hebb 'ne Birn."

So ging es viel Jahre, bis lobesam
Der von Ribbeck auf Ribbeck zu sterben kam.
Er fühlte sein Ende. 's war Herbsteszeit,
Wieder lachten die Birnen weit und breit,
15 Da sagte von Ribbeck: „Ich scheide nun ab.
Legt mir eine Birne mit ins Grab."
Und drei Tage drauf, aus dem Doppeldachhaus,
Trugen von Ribbeck sie hinaus,
Alle Bauern und Büdner, mit Feiergesicht,
20 Sangen „Jesus meine Zuversicht",
Und die Kinder klagten, das Herze schwer,
„He is dod nu. Wer giwt uns nu 'ne Beer?"

So klagten die Kinder. Das war nicht recht,
Ach, sie kannten den alten Ribbeck schlecht,
25 Der *neue* freilich, der knausert und spart,
Hält Park und Birnbaum strenge verwahrt,
Aber der *alte*, vorahnend schon
Und voll Misstraun gegen den eigenen Sohn,
Der wusste genau, was damals er tat,
30 Als um eine Birn ins Grab er bat,
Und im dritten Jahr, aus dem stillen Haus,
Ein Birnbaumsprössling sprosst heraus.

Und die Jahre gehen wohl auf und ab,
Längst wölbt sich ein Birnbaum über dem Grab,
35 Und in der goldenen Herbsteszeit
Leuchtet's wieder weit und breit.
Und kommt ein Jung übern Kirchhof her,
So flüstert's im Baume: „Wiste 'ne Beer?"
Und kommt ein Mädel, so flüstert's: „Lütt Dirn,
40 Kumm man röwer, ick gew di 'ne Birn."

So spendet Segen noch immer die Hand
Des von Ribbeck auf Ribbeck im Havelland.

Text: Theodor Fontane
Bilder: Sabine Wilharm

Bück dich, Mann!

Der Herr Pastor hatte in seinem Garten einen
Birnbaum, der hing voll schöner reifer Früchte,
die am Montag abgenommen werden sollen.
Als nun der geistliche Herr am Sonntag früh
5 einen Gang durch sein Gärtlein machen will,
um noch ein wenig an der Predigt zu lernen,
sieh an, da hat jemand über Nacht an den Birnen
Gefallen gefunden; der Baum ist abgepflückt
bis auf eine einzige Birne.
10 Da hatte es nun mit dem Lernen der Predigt
seine Schwierigkeit, aber der Pfarrer
steckt die letzte Birne in die Tasche und
begibt sich zur Kirche.
Als er nun auf dem Predigtstuhl steht, hält er
15 eine schöne Ansprache, die seiner Gemeinde
so recht erbaulich zu Herzen geht.
Auf einmal kommt er aber auf den Diebstahl
zu sprechen, nimmt die Birne in die Hand
und ruft: „Wehe dem, der heute Nacht
20 meinen Birnbaum geplündert hat,
der Spitzbube, ich kenne ihn genau!
Dem werfe ich jetzt die Birne an den Kopf!"
Als der Pfarrherr nun mit dem Arm ausholt,
da ruft eine Frau aus der andächtigen Menge
25 ihrem Manne halblaut zu:
„Bück' dich, Mann, er wirft!"

Volksschwank

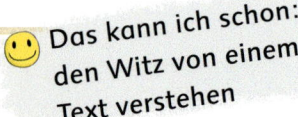
Das kann ich schon:
den Witz von einem
Text verstehen

Herbstgedicht

Ich schreibe dir ein Herbstgedicht
von überreifen Birnen.
Um Äpfel, Zwetschgen geht es nicht:
Dies ist ein reines Birngedicht,
so tief im Laub und gelb im Licht,
so schwer, dass hier die Zeile bricht.

Jürg Schubiger

Drittes Rätsel

Vier Freunde drehen am Rad der Welt.
Auch wenn es den Mächtigen wenig gefällt.
Obwohl sich die Freunde prächtig verstehn,
sah niemand sie jemals beisammenstehn.
5 Sie schaffen gemeinsam und Hand in Hand,
wenn man sie nur lässt, viel fruchtbares Land.

Den Dritten beschreibe ich dir geschwind,
rätst du ihn, schenkt er dir Drachenwind.

Verschwenderisch wirft er mit Farben und Nüssen.
10 Den Bäumen raubt er mit heftigen Küssen
den Schmuck und die Kleider. Er liebt die Kunst,
formt aus Wolken Gestalten, spinnt aus Wasser Dunst,
mit dem er abends die Wiesen bedeckt
und manchmal Autofahrer erschreckt.

Karlhans Frank

Wie heißt der Freund?

Textwerkstatt S. 173 **43**

Das Oktoberfest – die Wies'n

Einmal im Jahr feiert man in München das größte Volksfest der Welt:
das Oktoberfest – von den Münchnern liebevoll Wies'n genannt.
Das Fest geht auf die Hochzeit des Kronprinzen Ludwig und seiner Braut
Therese von Sachsen-Hildburghausen zurück. Ihnen zu Ehren wurde am
5 17. Oktober 1810 ein Pferderennen veranstaltet. Das Fest war
ein großer Erfolg und wurde deshalb im nächsten Jahr wiederholt.
Es sollte aber noch viele Jahre dauern, bis aus dieser jährlichen Volksbelustigung
ein Volksfest wurde, wie wir es heute kennen: Große Zelte, in denen Bier
in Maßkrügen ausgeschenkt wird und deftige Brotzeiten gereicht werden.
10 Für die Kinder sind die zahlreichen Fahrgeschäfte und Attraktionen am wichtigsten:
Vom traditionsreichen Toboggan bis zu immer wilderen Achterbahnen und
vom Flohzirkus bis zu den Schießbuden wird alles geboten. Wer sich gern gruselt,
der steigt in eine der Geisterbahnen. Ein Besuch der Wies'n ist für viele Münchner
ein ebenso großes Ereignis wie für die Gäste aus der ganzen Welt.

Oktoberfest

„Sensation! Hereinspaziert!"
schreit der Zirkusmo.
's Grusln lernst ums teire Göid
auf der Geisterboh.

Sagt des Madl: „Tuas probiern,
nimm des Gwahr in d' Hand!
's muass net glei a Zwoifa sei,
broat is d'Brettawand."

Hemadärmi in dem Zelt
d'Musikantnleit.
Blasn, dass 's d'Ohrn schier zreißt:
„Hoch die Gmüatlichkeit!"

Heinrich Wismeyer

Sammle Zeitungsberichte
über das Oktoberfest.

Hoher Herbst

Kastanie fällt.
Die Walnuss wird geschlagen.
Das nasse Obst:
in Körben heimgetragen.

5 Der Wind aus West,
der Regen treibt die Blätter.
Das Astwerk bricht
herab in schwerem Wetter.

Die graue Zeit
10 sinkt mit den Nebeln nieder.
Die Kühle greift
den Vögeln ins Gefieder.

Nur Rabenschrei
verhallt in leeren Wäldern
15 beim scharfen Rauch
aus den Kartoffelfeldern.

Karl Krolow

Lerne das Gedicht auswendig.
Arbeite zusammen mit einem
Partnerkind. Die Tipps auf
Seite 182 helfen euch.

Esskastanien rösten

Zutaten:

• Esskastanien (Maronen)
• Salz

Zubereitung:

• Backofen auf 220 Grad vorheizen.
• Kastanien mit einem feuchten Lappen reinigen.
• Mit einem Küchenmesser ein X in jede Kastanie schneiden.
  Achtung: Ohne einen Einschnitt von Schale und Haut können die Kastanien
  im Backofen explodieren! Das X lässt den entstehenden Dampf heraus.
• Backblech mit Backpapier auslegen.
• Kastanien mit dem X nach oben auf das Backblech legen.
• Ungefähr 20 Minuten im Backofen rösten. Die Kastanien sind gar, wenn sie
  leicht zu schälen sind.
• Nach Geschmack mit etwas Salz würzen.

Der große Vogelzug der Kraniche

Seit einiger Zeit werden die Tage im hohen Norden von Europa kürzer. Über dem schwedischen Torfmoor braucht der Morgennebel immer länger, um sich aufzulösen, und die Luft wird kühler. Schon kündigen die ersten Graupelschauer den Beginn des Herbstes an.

5 Unter den Kranichfamilien ist eine gewisse Unruhe ausgebrochen. Ihre Jungvögel sind ausgewachsen und die Eltern haben ihre langen Flügelfedern durch die Mauser erneuert. Jetzt sind die Kraniche bereit
10 für die große Reise von mehreren Monaten, die sie Tausende von Kilometern von ihrer Brutheimat in Schweden zu ihren Winterquartieren im wärmeren Süden Spaniens und Afrikas führt.
15 Schreie wie Trompetenstöße hallen über die Sumpflandschaft, wo sich die Kraniche zum Abflug seit Tagen gesammelt haben.

Bei ihrem Flug bewegen sie sich wunderbar stromlinienförmig vorwärts, um der Luft möglichst wenig Widerstand zu bieten und so
20 Energie zu sparen. Diesem Zweck dienen auch die keilförmigen Flugformationen, die manchmal mehrere hundert Vögel vereinen. Ab Oktober oder November überfliegen Zehntausende von Kranichen Deutschland in Richtung Frankreich. Nach mehreren Flugstunden suchen sie ihre bevorzugten Rastplätze auf. Sie geben dabei ihre
25 strenge Flugformation auf und kreisen über dem Rastgebiet, bevor sie geschickt zu Boden gleiten. Wenn sie genug Energie aufgetankt haben, geht die Reise weiter. Bei ihren Tag- und Nachtflügen orientieren sie sich am Stand der Sonne, an den Sternen, an Seen und anderen Merkmalen der Landschaft. Eine Hürde vor allem für
30 die Jungvögel ist die Überquerung der Pyrenäen, die oft in Wolken gehüllt sind.

Haben die Kraniche ihr Winterquartier erreicht, dann können sie sich mehrere Monate lang auf dem Weideland unter schattigen Eichen und Olivenbäumen ernähren. Heruntergefallene Eicheln und Oliven,
35 aber auch Insekten, Schnecken, Würmer und Larven gehören zu ihren Mahlzeiten. Dann, zwischen Februar und April, versammeln sie sich zur Heimreise in Richtung Nordost, wie sie es schon seit Jahrtausenden tun. Unter ihren Flügeln gleiten die Landschaften dahin, bis sie schließlich die großen schwedischen Torfmoore erreicht
40 haben, wo eben die letzten Schneereste schmelzen und der Frühling beginnt.

Guilhem Lesaffre

Vergleicht die Texte.
Welche Art von Texten sind es?
Woran erkennt ihr das?

Wer hat den Schwalben

Wer hat den Schwalben
Mut gemacht,
fortzufliegen?
War es der Sturm
5 der vergangenen Nacht
oder hat ihnen
die Sonne vom Himmel
zugelacht?

Wer hat ihnen
10 einen zweiten
Sommer versprochen?
War es ein Traum?
Oder nur ein Blatt
vom Lindenbaum,
15 das vom Winde bewegt
lautlos zu Boden schwebt?

Max Bolliger

Natur entdecken: Pflanzen

Der wunderbare Baum

Vor langer Zeit schlossen sich die großen und die kleinen Tiere
zusammen und lebten alle miteinander.
Als eines Tages der Regen ausblieb, vertrocknete der Boden
und der Hunger zog ins Land. Die Tiere hatten nicht mehr
5 genug zu essen.
Zum Glück fanden sie einen großen Baum, der trotz der Dürre
wunderbare Früchte trug. Sie schienen reif und dufteten
herrlich, aber sie fielen einfach nicht herunter. Alle rüttelten
und schüttelten, doch der Baum gab seine Früchte nicht her.
10 Die versammelten Tiere wurden immer hungriger.
„Wie kommen wir nur an diese Früchte heran?", rätselten sie.
„Ich habe eine Idee", meinte schließlich die Häsin.
„Warum fragen wir
nicht die weise
15 Schildkröte?
Sie hat vielleicht
einen Rat."
„Wunderbar!
Tolle Idee!
20 Das machen wir!",
stimmten
die anderen zu.

S. 173 S. 176 Textwerkstatt

Die Häsin bot
an, sich gleich
25 auf den Weg
zur Schildkröte
zu machen.
Damit waren
die größeren
30 Tiere nun aber ganz und gar nicht einverstanden:
„Du bist zu klein. Du könntest dir den Rat der weisen Schildkröte
ja doch nicht merken. Überlass das mal uns Großen."
Der Elefant und der Büffel wurden dazu bestimmt, die Schildkröte
aufzusuchen.
35 Als die zwei bei der Schildkröte ankamen, grüßten sie höflich und
fragten: „Schildkröte, wir alle sind sehr hungrig. Da ist dieser Baum
mit wunderbaren Früchten, aber sie fallen einfach nicht herunter.
Weißt du vielleicht, wie wir sie ernten können?"
„Ach, den Baum kenne ich", antwortete die Schildkröte. „Der gibt
40 seine Früchte nur her, wenn man ihn bei seinem Namen ruft. Ich sehe,
ihr seid hungrig. Also, hör gut zu, Elefant, du bist groß und alt genug,
du kannst dir das merken: Ntungulu Mengenye. So heißt der Baum."

aus Tansania
Nacherzählung und Bilder: John Kilaka

Ob Große immer klüger
als Kleine sind?
Was meint ihr dazu?

Der Wald gehört Pulang Gana

In den alten Zeiten bedeckte der Wald das ganze Land, es gab keinen Anfang und kein Ende. Der Wald war überall. Zu dieser Zeit lebten sieben Brüder.

5 Sie wollten ein kleines Stück Wald abholzen, um dort Früchte anzubauen. Sie nahmen ihre Äxte und schufen eine kleine Lichtung. Sie arbeiteten den ganzen Tag und schliefen am
10 Abend erschöpft ein.

Am nächsten Morgen trauten sie ihren Augen nicht, die Lichtung war verschwunden! Vor ihnen wuchs ein undurchdringlicher Dschungel,
15 grüner und dichter als tags zuvor. Wieder machten sie sich an die Arbeit, bis sie bei einbrechender Dunkelheit erschöpft einschliefen.

Doch am Morgen erwartete sie
20 das gleiche Bild. Die Lichtung war verschwunden. Die Brüder waren verwirrt. Aber sie wollten nicht aufgeben und machten sich wieder an die Arbeit. In dieser Nacht
25 blieben sie wach und setzten sich an den Rand ihrer Lichtung.

Schon bald sahen sie einen Geist. Er ging von Baum zu Baum, berührte jede Liane, jeden Farn und erweckte
30 alle zu neuem Leben. Vor den Augen der Brüder verwandelte sich die Lichtung wieder in einen dichten Dschungel. Wütend sprangen sie auf, um gegen den Geist zu kämpfen.
35 Doch der sprach: „Bleibt stehen, ich bin Pulang Gana. Hört mich an! Dieser Wald mit allem, was in ihm wächst, gehört mir. Alles, was sich hinter dem Wald befindet bis zum fernsten
40 Horizont, die ganze Erde gehört mir. Kein lebendes Wesen darf ohne meine Erlaubnis auch nur einen kleinen Teil dieser Welt für sich nutzen. Wer etwas benötigt, muss mir ein Geschenk
45 bringen. Gefällt es mir, werde ich ihm etwas Land leihen."

Legende aus Borneo

Klimaanlage Regenwald

Die tropischen Regenwälder in Afrika, Asien, Australien und vor allem der Amazonas-Regenwald in Südamerika sind extrem wichtig für das Klima auf der Welt. Regenwaldbäume filtern Giftstoffe aus der Luft und geben saubere Luft zurück.

5 Außerdem ist der grüne Regenwaldgürtel so etwas wie die Klimaanlage für die Welt: Wenn die Sonne auf den Regenwald scheint, verdunstet Wasser. Es entsteht Wasserdampf. Daraus bilden sich Wolken, die es an einer anderen Stelle regnen lassen und dort für Kühlung und Pflanzenwachstum sorgen.

10 Wenn Regenwald abgeholzt oder verbrannt wird, verlieren viele Tiere und Pflanzen für immer ihr Zuhause. Außerdem wird die Klimaanlage der Welt kleiner und damit die Erde insgesamt heißer und trockener. Auf Dauer wird es schwieriger, für immer mehr Menschen genügend Essen zu produzieren.

Florian Sailer

Jeden Tag verschwindet ein Stück Regenwald

Stell dir 35 Fußballfelder nebeneinander vor. So groß ist die Fläche, die in jeder Minute zerstört wird.

„Noch"

Noch eine Autobahn,
noch eine Forststraße,
noch ein Flughafen,
noch ein Bergwerk,
noch ein Kraftwerk,
noch *ein* Baum.

Martin Auer

Geniale Einfälle der Natur

Vermute, worum es in dem Text geht.
Was erwartest du?
Verschaffe dir vor dem Lesen
einen Überblick über den Text.

Fensterscheiben, die sich selbst reinigen, Hauswände, von denen Schmutz mit dem Regen abgewaschen wird, und T-Shirts,

5 auf denen weder Ketschup noch Kirschsaft Flecken hinterlassen – das alles gibt es dank einer Pflanze, die in den sumpfigen Gewässern Ostasiens vorkommt: die Lotus-

10 blume. Obwohl sie mitten im Schlamm lebt, tauchen die neuen Blätter des seerosenähnlichen Gewächses immer blütenrein aus dem trüben Wasser auf. Das Wasser

15 perlt von den Blättern einfach ab und nimmt dabei den Schmutz mit. Wissenschaftler untersuchten diesen „Lotuseffekt" und schufen nach dem Vorbild Beschichtungen für Ober-

20 flächen, die sich ganz von selbst reinigen.

Das Geheimnis des Lotusblatts: Es ist nicht superglatt, sondern übersät von Millionen winziger

25 Erhebungen, die mit Wachskristallen überzogen sind.
Ein Wassertropfen berührt nur die wasserabweisenden Wachsspitzen, kann aber nicht in die Zwischen-

30 räume eindringen. Deshalb benetzt er das Blatt nicht und perlt einfach ab.
Auch die Schmutzteilchen liegen nur auf den Spitzen auf. Rollt ein

35 Wassertropfen darüber hinweg, bleibt das Teilchen an ihm hängen und wird einfach mitgenommen.

Was weißt du noch über Bionik?
Schlage im Lexikon nach.
Suche mit Kindersuchmaschinen
im Internet.

Auch andere Pflanzen haben selbstreinigende Blattoberflächen, zum
40 Beispiel Kohl, Schilf, Kapuziner-
kresse, Frauenmantel, die Akelei
oder die Tulpe. Schau dich doch
einfach mal nach einem Regenguss
im Garten oder einem nahe
45 gelegenen Park um!

Selbst manche Insekten wie Libellen
oder Schmetterlinge haben Flügel
mit Lotuseffekt. Ein toller Trick der
Natur, denn die Tiere können diese
50 Stellen nicht selbst erreichen, um sie
zu reinigen.

Nicht nur Staubteilchen, die auf
dem Lotusblatt liegen, werden
von Wassertropfen einfach weg-
55 geschwemmt. Auch Honig oder
sogar wasserlöslicher Klebstoff
bleiben am Lotusblatt nicht kleben!
Unglaublich, oder?

Der Lotuseffekt in der Natur: Er dient
60 der Lotusblume nicht nur dazu,
immer blütenrein auszusehen.
Die sich selbstreinigende Blatt-
oberfläche schützt die Pflanzen vor
Krankheitserregern wie Bakterien,
65 Pilzsporen oder Algen.

Christine Schlitt

Was weißt du jetzt über das Thema?
Vergleiche mit deinen Vermutungen
vom Anfang.

2 ½ Jungs retten ihren Baum

Tom und Theo haben einen Freundschaftsbaum. Als sie erfahren,
dass er gefällt werden soll, bringt ihre Freundin Lulu sie auf eine Idee.
Gemeinsam schmieden sie einen Baumrettungsplan. Weil sie beide zu tun haben,
wenn die Baumfäller kommen, wird Theos kleiner Bruder Ralf eingespannt …

5 „Hey", sagt Tom. „Soll ich dir zeigen,
wie man auf den Baum kommt?"
Ralf starrt ihn an, als wäre er
Weihnachtsmann und Osterhase
in einer Person. Dann watschelt er
10 zielstrebig los. Toms Blick fällt
auf ein Springseil, das im Gras liegt.
Er hebt es auf.
„Was willst du damit?" Ralf zeigt
auf das Seil.
15 „Das wird dein Sicherheitsgurt",
antwortet Tom. „Ich heb dich rauf. Du
musst dich nur festhalten! Ich komm
dann nach und binde dich fest."

Gehorsam streckt Ralf seine Arme aus.
20 Tom packt ihn am Rückenteil seiner
Latzhose und hebt ihn hoch. Ralf greift
den unteren Ast und klammert sich
daran fest. Er schiebt seine Hacken
über den Ast und hangelt sich hinauf.
25 „Spitze, Kleiner!", lobt Tom ihn.
„Achtung! Jetzt kommt Onkel Tom!"
Er nimmt Anlauf und erklimmt den
benachbarten Ast. Genau über Ralfs
Kopf ist ein weiterer Ast. Tom wirft
30 das Springseil darüber. Er zieht
ein Ende des Seils durch die breiten
Träger der Hose und macht einen
Dreifachknoten.
„Das hält garantiert!" Tom ruckelt
35 am Seil und prüft den Knoten.
„Das sind Hosenträgergurte! Nur Berg-
steiger und Rennfahrer tragen die.
Pass auf. Wenn jemand kommt, den
du kennst, machst du keinen Mucks.
40 Wenn aber fremde Männer kommen
und eine große Säge auspacken, dann
schlägst du Alarm, klar? Dann darfst
du so laut brüllen, wie du kannst!"

Tom trabt los, zurück zum Gemüsebeet
45 von Herrn Juls. Er macht sich wieder
an die Arbeit und fragt sich, ob Ralf
noch auf dem Ast sitzt oder vielleicht
schon an seinen Hosenträgern baumelt.
Gerade als er versucht, sich auf die
50 kommenden Ereignisse vorzubereiten,
überschlagen sich die Dinge plötzlich.

„Tom!", hört er die Stimme seiner
Mutter. „Wo steckst du?"
Gleichzeitig vernimmt er das Brummen
55 eines Dieselmotors.
„Uäääääh!", kommt es von der Eiche.
Tom lässt den Spaten fallen und
läuft los.

Ralf sitzt auf seinem Ast und schreit.
60 Neben der Eiche steht ein Transporter.
Er trägt eine verschnörkelte Aufschrift:
„Baumschule und Gartenbaubetrieb
Rosenhain – für Sie im Einsatz!"
Im Führerhaus sitzen zwei Männer in
65 grünen Latzhosen. Sie starren Ralf an
und halten sich die Ohren zu.
Ein dritter Mann steht unter der Eiche.
Er trägt große Ohrenschützer und
in der rechten Hand eine Motorsäge.

70 Von links nähern sich zwei Personen.
„Hallo", sagt Tom. „Mama, Papa.
Was macht ihr denn hier?"
Sein Vater ist sehr von dem brüllenden
Alien in der Eiche fasziniert.
75 „Was macht Theos Bruder in diesem
Baum?", fragt er.
Der Mann mit der Motorsäge kommt
langsam auf sie zu.
„Tach", sagt er. „Weiß jemand,
80 wem das Kind gehört?"

„Ich hab die Verantwortung!"
Mutig tritt Tom vor. „Ich pass auf Theos
Bruder auf. Wehe, Sie tun ihm oder
dem Baum was!"
85 Zwei Fahrräder kommen auf sie
zugeschossen.
„Hände weg von unserem Baum!",
schreit Lulu und klingelt wie verrückt.
„Tom, halte durch! Wir kommen!",
90 ruft Theo.

Hinter ihnen taucht der rote Klein-
wagen von Ralfs und Theos Mutter auf.
„Mama!", ruft Ralf fröhlich und
breitet die Arme aus. „Guck mal,
95 was ich kann!"
In Sekundenbruchteilen rutscht
der kleine Außerirdische vom Ast.
Er hängt in seinem Hosenträgergurt
und schwingt ein paar Mal hin und her.
100 „Der Baum ist besetzt!", verkündet
Tom. „Wir lassen nicht zu, dass er
gefällt wird!"
„Ralf!" Frau Lind steht unter der Eiche
und ringt die Hände.
105 „Um Himmels willen!"
„Hallo, Mama!" Ralf kichert.
„Cool, was?"
„Ich hol ihn dann mal runter, nicht?",
schlägt Tom vor. Theo und Lulu nicken.

110 Tom klettert auf den Baum und löst
den Knoten des Seils. Ganz sanft
gleitet Ralf in die Arme der Baumfäller,
von wo aus er seine Mutter umarmt
und begeistert ruft: „Das war klasse!"
115 Alle lachen. Aber dann wird's ernst.
„Können wir jetzt an die Arbeit?"
Der Typ mit der Motorsäge
drängelt sich nach vorn.
„Sie haben doch nicht vor,
120 diesen herrlichen Baum zu fällen?",
fragt Toms Mutter.
Die Baumfäller machen verdutzte
Gesichter.
„Nun mal sachte", sagt der eine. „Von
125 Fällen ist überhaupt nicht die Rede!"
„Ach?", faucht Lulu. „Und warum
haben Sie die Bäume am Nordhang
gefällt?"
„Borkenkäfer", antwortet der
130 Oberbaumpfleger. „War nix mehr
zu machen."
„Aber dieser Baum ist kerngesund!",
sagt Toms Vater. „Ich lasse nicht zu,
dass Sie einen gesunden Baum fällen!"
135 „Aber wer sagt denn was von Fällen?",
stöhnt der Oberbaumpfleger. „Wir
sollen nur die alten Zweige kappen!"
Seine Kollegen nicken.
„Baumschnitt nennt man das",
140 sagt der eine.
„Tut überhaupt nicht weh", ergänzt der
andere und zwinkert den Freunden zu.

Dagmar Hoßfeld

Baumschädlinge

😊 Das kann ich schon: eine Tabelle auswerten

	Fichtenrüsselkäfer (Großer Brauner Rüsselkäfer)	Buchdrucker (Borkenkäferart)	Rosskastanien-Miniermotte
Wie sieht der Schädling aus?	• schwarz-braun, gelb gefleckt • „Rüssel" mit Mundwerkzeugen zum Fressen • Körperlänge: 8 bis 14 Millimeter	• dunkelbraun • behaart • walzenförmiger Körper • Größe: 5 Millimeter	• kleiner Falter • hellbraun-weiß gestreift • Flügellänge: 3 Millimeter
Welche Bäume befällt er?	Fichte, Lärche, Douglasie, Kiefer	Fichte	Rosskastanie
Was tut er?	• Ausgewachsene Käfer fressen die Rinde von jungen Nadelbäumen.	• Weibchen legen die Eier in der Bastschicht unter der Rinde ab. • Larven schlüpfen und fressen Gänge in die Bastschicht.	• Weibchen legen Eier auf die Oberseite der Blätter. • Larven schlüpfen und fressen kreisförmige Gänge in die Blätter.
Welche Folgen hat das?	Bei starker Schädigung stirbt der Baum ab.	Die Leitbündel für den Wasser- und Nährstofftransport werden beschädigt. Der Baum stirbt ab.	Die Blätter werden braun und fallen schon im Sommer ab. Der Baum wird geschwächt.

Findet heraus, welche Baumschädlinge es noch gibt. Gestaltet eine Tabelle. Präsentiert die Ergebnisse in der Klasse.

Detektivgeschichten

Spy Eye verschwindet

Spy Eye, die Wundermaschine
Dem britischen Erfinder Dr. Fletchstone ist mit seinem Spy Eye
ein großer Wurf gelungen. Spy Eye ist eine Art Sensor, der durch Wände
hindurchsehen kann und anzeigt, was sich dahinter befindet.
Soeben ist Dr. Fletchstone am Flughafen von New York angekommen,
um das einzigartige Gerät der New Yorker Polizei zu übergeben.
Es soll bei der Jagd auf Verbrecher wertvolle Dienste leisten.

Kalle und Gitta wollen noch etwas
länger in New York bleiben und
müssen darum ihre Flugtickets
verlängern lassen. Am Eingang
5 der Flughafenhalle werden sie fast
von drei Männern und einer Frau
umgerannt, die sich mit einem
Koffer durch die Menge zwängen.
„Die haben es aber eilig", meckert
10 Gitta und schaut ihnen nach.
Im Gebäude stürmt ein weiterer
Herr an ihnen vorbei.
„Help! My suitcase,
I can't find my suitcase",
15 schreit er.

„Den kenne ich doch", grübelt
Gitta, „das ist Dr. Fletchstone,
der berühmte britische Erfinder!
Er scheint seinen Koffer nicht
20 finden zu können. Ob die eiligen
Typen von vorhin etwas damit
zu tun haben?"
„Excuse me", beginnt Kalle.
„Maybe we can help!"
25 Die beiden erzählen Dr. Fletchstone, so gut sie können,
von ihrer Beobachtung am
Eingang. Bei der Beschreibung
des Koffers beginnen die Augen
30 des Erfinders zu leuchten.
„That's my suitcase", stammelt er.

S. 170
Textwerkstatt

So erfahren Kalle und Gitta von Fletchstones Erfindung. „Die Halunken müssen von dem

35 genialen Gerät Wind bekommen haben", sagt Kalle. „Nur gut, dass wir aufgepasst haben und uns ihre Gesichter eingeprägt haben!"

Wenig später können sie bei

40 police chief Benson ihr Gedächtnis unter Beweis stellen und die vier Gauner in der Verbrecherkartei ausfindig machen. Wie heißen die drei Männer und die Frau?

Text und Bilder: Jürg Obrist

Ein Fall für die Schwarze Pfote

Fips, Charlotte und Merlin sind Mitglieder des Detektivclubs „Schwarze Pfote". Das wichtigste Mitglied – und gleichzeitig der Namensgeber für den Detektivclub – ist Merlins Hund Hugo, ein sündteurer Rassehund mit astreinem Mülltonnen-Stammbaum. Die drei Kinder fanden den schlauen Hund in der Nähe ihres Hauptquartiers, einer alten Schmiede auf dem Hinterhof des Hommelsdorfer Naturkundemuseums.

Steckbrief
Name: Fips
Adresse: Hommelsdorf
was ich mag: Schoko-Bananenriegel
mein Fahrzeug: Skateboard
Kennzeichen: futtert ständig Schokoriegel, hat einen wachen Verstand

Steckbrief
Name: Charlotte (Spitzname Charly)
Adresse: Hommelsdorf
was ich mag: Ordnung
mein Fahrzeug: Mountainbike
Kennzeichen: clever, Technik-Genie, lange braune Locken

Steckbrief
Name: Merlin (Spitzname: Meisterdetektiv oder Merlin Superfeldmann)
Adresse: Hommelsdorf
was ich mag: waghalsige Sprünge mit dem BMX-Rad
mein Fahrzeug: BMX-Rad
Kennzeichen: mutig, aufmerksam und beharrlich

Der Verdacht

Eine Einbruchsserie versetzt Hommelsdorf in Angst und Schrecken.
Alle Bestohlenen sind Kandidaten bei der neuen Megatalent-Show.
Als auch bei ihrem Freund Giuseppe während seines Auftrittes
bei Megatalent eingebrochen wird, beginnen die Mitglieder
5 *der „Schwarzen Pfote" zu ermitteln.*
In ihrem Hauptquartier trafen sich Fips, Charlotte, Merlin und Hugo
zur Lagebesprechung, denn Merlin hatte einen begründeten Verdacht.

„Also ist dieser Raimund Rüder der Einbrecher", schlussfolgerte Fips.
Charlotte setzte sich auf die Lehne des Sofas. „Um das sicher sagen
10 zu können, brauchen wir noch mehr Beweise", stellte sie fest.
Sie wollte keine vorschnellen Schlüsse ziehen.
Das Problem war jedoch, dass Raimund Rüder Merlin und Hugo
aus der Hundeschule geworfen hatte und die beiden nun nicht mehr dort
auftauchen konnten. Charlotte hatte wie so oft die rettende Idee.
15 So beschlossen sie, dass Charlotte das Ablenkungsmanöver mit Hugo
übernehmen sollte. Unterdessen würden die beiden Jungs versuchen,
sich in Rüders Büro umzusehen.
Merlin und Fips schlichen über den Parkplatz des Polizeipräsidiums zur
Rückseite der Hundeschule. Durch den hohen Maschendrahtzaun hatten
20 sie gesehen, wie Rüder mit seinem Hund Junior aus dem Büro gegangen
war.
„Jetzt oder nie", zischte Merlin. „Nun mach schon. Wer weiß, wie lange
Charlotte Rüder aufhalten kann."
Fips blieb keine Wahl. Auf allen vieren legte er den kurzen Weg zum
25 Bürogebäude der Hundeschule zurück. An der Rückseite des kleinen
Häuschens richtete er sich langsam auf. Ängstlich blickte er zu Merlin.
Mit erhobenen Daumen zeigte er an, dass die Luft rein war.
Vorsichtig guckte Fips um die Ecke. Gleich das erste Fenster stand offen.
Auf der anderen Seite des Geländes entdeckte er Raimund Rüder,
30 den Besitzer der Hundeschule. Er war so weit entfernt, dass man nicht
verstehen konnte, worüber er mit Charlotte sprach. Nur das ständige
Bellen des Dobermanns war zu hören.

„Los jetzt", trieb Merlin ihn gnadenlos an. Es half alles nichts. Zwei
Schritte und Fips hatte das Fenster erreicht. So schnell er konnte, zog er
35 sich hoch und ließ sich kopfüber in das stickige Büro der Hundeschule
Rüder gleiten.

Der Geruch nach nassem Hund und Dosenfutter stieg Fips in die Nase.
Als würde er auf einer dünnen Eisschicht laufen, trippelte Fips zu dem
klapprigen Schreibtisch neben der Tür. Die Unordnung, die dort
40 herrschte, war rekordverdächtig. Hunderte verschiedener Zettel lagen
kreuz und quer über die Arbeitsfläche verteilt. Eine rote Mappe fiel ihm
ins Auge.

Von draußen war wieder das grässliche Bellen zu hören. Diesmal nur viel
lauter. Fips blieb fast das Herz stehen.

45 Ganz deutlich vernahm er nun auch eine strenge Stimme. Und sie kam
näher.

„Aus! Wirst du jetzt ruhig sein!" In letzter Sekunde konnte Fips unter den
Tisch hechten. Da wurde auch schon die Tür aufgerissen. Fips schloss die
Augen und hielt die Luft an. Nach nur einer Sekunde ging die Tür wieder
50 zu. Draußen knirschten Schritte im Kies und entfernten sich. Erleichtert
atmete Fips aus. Dann hörte er ein furchterregendes Knurren, direkt
hinter sich. Junior!

Text: Benedikt Weber / Bilder: Zapf

> Wie kommt Fips aus der brenzligen Situation heraus?

Kommissar Kniepel: Ein Dieb im Zug

Kommissar Kniepel sitzt im Zug nach Lugano, wo er einen Schweizer Kollegen besuchen will. „Nanu", denkt er, „es wird ja immer dunkler, ich kann ja kaum noch lesen!"

Sie fahren durch den Gotthard-Tunnel. Eine Sekunde darauf flackert die Lampe
5 noch einmal kurz auf, dann sitzen die Reisenden in völliger Finsternis.

Eine halbe Stunde später will die junge Frau ihre Taschentücher aus der Handtasche nehmen: „Oh Schreck, man hat mein Portmonee gestohlen!"
„Was gucken Sie mich so an, glauben Sie etwa, ich bin ein Dieb?", entgegnet der Mann neben ihr empört. „Ich habe geschlafen, als wir durch den Tunnel
10 fuhren und das Licht auf einmal ausging."

„Hören Sie mal!", sagt der Mann mit dem Schnurrbart, „wollen Sie uns etwa verdächtigen? Wir haben uns auf der Fahrt nicht von der Stelle gerührt."
„Es muss passiert sein, als es plötzlich ganz dunkel wurde", meint der Mann gegenüber zu seiner Nachbarin. Diese entgegnet: „Ich habe nichts bemerkt."

15 „Am besten rufe ich jetzt die Bahnpolizei. Die soll alle durchsuchen,
dann ist der Dieb schnell gefunden", sagt die junge Frau.
„Das ist gar nicht nötig, der Dieb hat sich schon selbst verraten",
sagt Kommissar Kniepel.
Wer ist der Dieb?

Text und Bilder: Detlef Kersten

Kwiatkowski, Privatdetektiv

Wer mich kennt, weiß, dass ich am liebsten allein arbeite. Die Einzige,
die sich in meine Ermittlungen einmischen darf, ist meine alte Freundin Olga.
In ihrem Kiosk hält sie nicht nur meine geliebten Carpenter's Kaugummis
vorrätig, sie versorgt mich auch immer mit guten Tipps.

5 Olga öffnet ihren Kiosk immer um
Punkt sechs Uhr morgens. Als Erstes
hebt sie das schwere Eisengitter vom
Thekenfenster. Dann schließt sie
die drei Spezialschlösser der Hintertür
10 auf und holt die neuen Zeitungen und
Zeitschriften herein, die in großen
Stapeln vor dem Kiosk liegen.
Nachdem sie die Blätter in die Zeitungs-
ständer gesteckt hat, gießt sie sich
15 aus einer Thermoskanne Kaffee ein
und wartet auf den ersten Kunden.

Das ging so bis zu einem Samstag
im Mai. Ich hatte an diesem Tag
nichts Besseres vor und beschloss,
20 Olga zu besuchen.
„Eine Limo?", fragte Olga, als ich
vor ihrem Kiosk stand.
Ich nickte.
„Geht auf Kosten des Hauses", sagte sie,
25 als sie mir das Glas hinstellte.

Ich bedankte mich und nahm einen
großen Schluck.
„Ich brauche dich, Kwiatkowski", fuhr
Olga fort. „Ich bin bestohlen worden."
30 „Fehlt Geld aus deiner Kasse?",
fragte ich. War das mein neuer Fall?
Es sah ganz so aus.
„Nein. Zeitungen."
„Wie aufregend!", sagte ich enttäuscht
35 und trank mein Glas aus.
„Kriegst du für mich raus, wer das
gewesen ist?" Olga griff hinter sich
und legte fünf Päckchen Carpenter's
auf die Theke.
40 Ich schüttelte den Kopf.
„Erpresser", murmelte sie und legte
widerwillig drei weitere Päckchen
hinzu. Wieder schüttelte ich den Kopf.
Seufzend erhöhte sie das Honorar
45 auf zehn Päckchen.
„Schieß los", sagte ich.
„Was ist passiert?"

So erfuhr ich, dass sie am Morgen beim Öffnen des Kiosks entdeckt hatte,
50 dass fünf Pakete mit verschiedenen Tageszeitungen aufgerissen worden waren. Aus jedem Stapel hatte eine einzige Zeitung gefehlt.

Als ich am nächsten Morgen den Kiosk
55 erreichte, zeigte meine Armbanduhr halb vier. Aus den Gullys stieg weißer Nebel, die Kälte kroch in den Kragen meiner Jacke. Ich versteckte mich hinter einem der Büsche gegenüber dem
60 Kiosk. Eine halbe Stunde später hielt ein Lieferwagen mit der Aufschrift „SCHMIDTS PRESSEDIENST". Ein Mann sprang heraus, öffnete die Hecktür und warf Pakete mit Zeitungen
65 und Zeitschriften auf den Platz vor Olgas Kiosk. Dann brauste er mit quietschenden Reifen davon. Ich schaute mich vorsichtig nach allen Seiten um. Bis auf den weißen Dampf,
70 der über den Gullys tanzte, war rings um mich herum keine Bewegung zu entdecken.

Doch auf einmal löste sich aus dem Schatten eines Modegeschäftes
75 eine Gestalt. Im trüben Licht der Straßenlaternen konnte ich nur die Umrisse eines großen Menschen erkennen. Er trug eine dunkle Jacke und hatte eine Kapuze tief ins Gesicht
80 gezogen. Mit wenigen Schritten war er bei den Zeitungsstapeln und riss einen nach dem anderen auf.

Was sollte ich tun? Etwa den Dieb zur Rede stellen? Er war zwei Köpfe größer
85 als ich und bestimmt dreimal so stark. Nein, das Sicherste würde sein, ihn bis zu seiner Wohnung zu verfolgen und Olga die Adresse zu geben.
Viel weiter kam ich mit meinen
90 Überlegungen nicht. Denn in diesem Augenblick klemmte sich der Dieb die Zeitungen unter den Arm und rannte los.
Der Mensch legte ein höllisches Tempo
95 vor, der Abstand zwischen uns vergrößerte sich immer mehr. Und in dem Straßengewirr zwischen Rathaus und Polizeipräsidium verlor ich ihn. Schwer atmend blieb ich stehen.

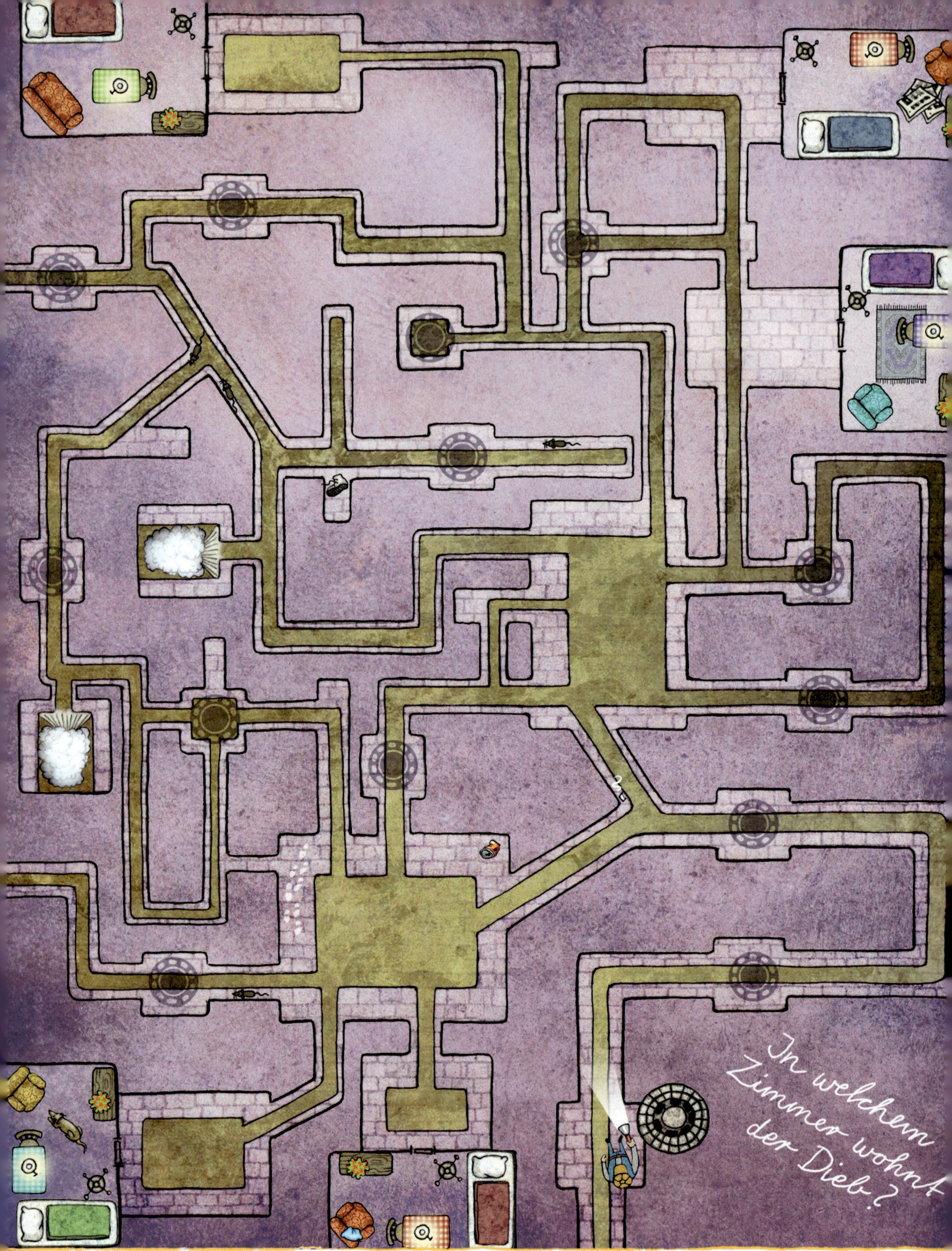

In welchem Zimmer wohnt der Dieb?

In diesem Augenblick drang mir ein Geruch in die Nase, der mir bekannt vorkam. Es war dieselbe Mischung aus Kacke, Urin, saurer Milch und faulen Äpfeln, die ich am Kiosk gerochen hatte. Ich schnüffelte wie ein Trüffelschwein jeden Zentimeter ab – und stellte fest, dass der Gestank genau in einem Gully verschwand. Der Zugang zur Unterwelt befand sich neben dem Eingangsportal einer Tiefgarage, das verschlossen war. Und noch etwas entdeckte ich: Neben dem Gully hatte jemand eine filterlose Zigarettenkippe weggeworfen. Die Plastiktüte mit den Beweisstücken, die ich am Tatort eingesammelt hatte, lag zu Hause auf meinem Schreibtisch. Trotzdem wäre ich jede Wette eingegangen, dass es sich um dieselbe Zigarettenmarke handelte wie die, die ich vor Olgas Kiosk gefunden hatte.

Ohne groß darüber nachzudenken, hob ich den Gullydeckel hoch. Dann schob ich ihn mit einiger Mühe zur Seite und setzte meinen Fuß vorsichtig auf die oberste Sprosse einer einbetonierten Leiter, die in die Dunkelheit hinunterführte.

Nach zwanzig Sprossen landete ich auf einem glitschigen Boden. Obwohl durch die Gullyöffnung ein wenig Licht fiel, konnte ich kaum etwas erkennen. Ich holte meine Taschenlampe aus der Westentasche, knipste sie an – und fand mich von einer Sekunde zur anderen in einer fremden, unheimlichen Welt wieder. Vor mir plätscherte ein Bach von nicht zu beschreibender Farbe durch ein Meter breites Bett aus Beton. Die Wände links und rechts des Bachs waren mit roten Steinen hochgemauert, der Putz an dem Gewölbe über mir war an einigen Stellen heruntergefallen. Ich ließ das Licht der Lampe nach links und rechts wandern. Versteckte sich der Zeitungsdieb dort irgendwo in einem der Abwasserkanäle? Verschwand er in der Kanalisation, wenn er sich verfolgt fühlte? Hatte er überhaupt gemerkt, dass ich hinter ihm her war? Wie sollte ich ihn in diesem Labyrinth finden?

Jürgen Banscherus

Kwiatkowski gibt es auch als Hörspiel.

Fingerabdruckpulver

Wenn du genau hinschaust, entdeckst du, dass jeder Mensch andere Fingerabdrücke hat. Am besten siehst du das mit einer Lupe. Finger sind immer ein bisschen fettig und hinterlassen feine „Stempelabdrücke" auf glatten Flächen. Fingerabdruckpulver haftet genau da, wo jemand hingefasst hat, und macht den Abdruck sichtbar. Manchmal können so verdächtige Personen überführt werden.

Zutaten:

- Bleistifte
- Schleifpapier
- kleine Dose mit Deckel
- weicher Pinsel
- durchsichtiges Klebeband
- Lupe

Zuerst das Pulver raspeln:

Mit den Bleistiften so lange über das Schleifpapier „malen", bis ein ansehnlicher Haufen Grafit-Staub entstanden ist. Den Staub vorsichtig in das Döschen abfüllen.

Dann Fingerabdrücke abnehmen:

1. Weichen Pinsel in den Grafit-Staub tauchen und leicht über ein verdächtiges Objekt tupfen.
2. Falls ein Fingerabdruck sichtbar wird, Klebestreifen draufdrücken, abziehen und in den Notizblock kleben. Fundort danebenschreiben.

Detektive brauchen natürlich eine Fingerabdruckkartei. Dafür von allen verdächtigen Personen mit einem Stempelkissen Fingerabdrücke nehmen. Dann kann man die Fingerabdrücke der Kartei mit den gefundenen Abdrücken vergleichen.

Antje von Stemm

27.04.
Tagebuch!

27.04.
Fenster

Dumm gelaufen

Ein Bankräuber schob dem Kassierer einen Zettel mit der Aufschrift zu „Das ist ein Überfall". Der Kassierer drehte den Zettel um – es war ein Briefbogen des Räubers selbst, mit Name, Telefonnummer, Adresse.

Zwei Einbrecher sprengten in einer Kleinstadt den Safe einer Bank. Dabei stürzte das Bankgebäude ein, der Safe blieb jedoch heil.

Ein Soldat überfiel eine Bank. Damit man ihn nicht erkannte, zog er sich eine Strumpfmaske über. Er hatte jedoch vergessen, dass auf seiner Uniform sein Namensschild festgenäht war.

Ein Ausbrecher versteckte sich in einem Gefängnis in einem Lieferwagen voll Gemüse. Als der Lieferwagen nach einer längeren Fahrt anhielt, schlich sich der Ausbrecher aus dem Fahrzeug. Leider musste er feststellen, dass er sich nun in einer anderen Haftanstalt befand.

Winter

Der große Schneemann

Es ist lange her, da ereignete sich einmal eine eigenartige Geschichte …

Zwei Tage lang hatte es in dicken Flocken geschneit,
und das ganze Dorf lag unter einer weißen Decke.
Die Krähen wachten gerade erst auf, als sich die Dorfkinder
5 bereits auf dem großen Platz versammelten. Ein ganzes Jahr
hatten sie auf den hohen Schnee gewartet, jetzt wollten sie
den größten Schneemann bauen. Ihre Freude war groß!

Sogleich machten sie sich ans Werk. Sie begannen
mit dem Bauch. Es war noch nicht Mittag, als die Kinder
10 eine Schneekugel gebaut hatten, die doppelt so groß war
wie sie selbst. Es wurde immer kälter und schneite immer stärker.
Doch dann war auch der Kopf des Schneemanns fertig.

Die Kinder sprangen vor Freude auf und ab. Sie holten ihre Eltern
und präsentierten ihnen das Ergebnis ihrer Arbeit:
15 Der größte Schneemann
war fertig!

Doch was geschah danach! Am nächsten Morgen,
noch bevor es richtig hell war, wurden die Dorfbewohner
von lautem Gebrüll aus dem Schlaf gerissen. Es war der Schneemann:
20 „Bringt mir zu essen! Und du da, hol mir Eis! Mir ist warm."

Die Menschen im Dorf befolgten die Befehle.
Sie dachten gar nicht daran, dass Schneemänner
eigentlich nicht befehlen können und dass man sich nicht
herumkommandieren lassen sollte. So ging es mehrere Tage.
25 Der Schneemann befahl, und die Dorfbewohner gehorchten.

Der Winter näherte sich dem Ende, die Sonne wurde kräftiger.
Als die erste dunkle Winterwolke abgezogen war und die Sonne
hindurchblickte, erschrak sie aber:
„Nanu, was ist denn hier los? Es wird bald Frühling,
30 und hier steht noch immer ein großer Schneemann
mitten auf dem Platz."
Der Schneemann aß ein paar Eiswürfel und schrie die Sonne an:
„Was geht dich an, was hier los ist? Die Menschen hören nur
auf mich und möchten, dass immer Winter ist."
35 Die Sonne, die immer noch lachte, blickte die Dorfbewohner an.
„So ist es, der Schneemann ist hier der Herrscher", sagten sie.
Da verschwand die Sonne hinter den Wolken.
„Wenn ihr den Frühling nicht wollt, kann ich nichts machen",
sagte sie und verließ enttäuscht das Dorf.

Text: Seyyed Ali Shodjaie / Bilder: Elahe Taherian

… bis sich die Sonne schließlich wieder an das Dorf erinnerte.

Die Kälte

Nasreddin betrat an einem Wintertag

mit seinem Freund Mehmet eine Teestube.

Mehmet ging durch die Tür, Nasreddin folgte ihm und

wollte sich zu seinem Freund an den Tisch setzen.

5 „Nasreddin! Du hast die Tür offen gelassen!",

rief Mehmet.

„Na und?", fragte Nasreddin.

„Ist das so schlimm, dass du

gleich schreien musst?"

10 „Ja! Es ist kalt draußen!", rief Mehmet.

„Und wenn ich die Tür zumache,

ist es dann weniger kalt draußen?",

fragte Nasreddin.

Paul Maar

ruhig

laut

friert

ärgerlich

freundlich

Wie fühlt sich
Mehmet?
Wie verhält sich
Nasreddin?
Spielt die Szene.

Winterrätsel

Ich falle vom Himmel

in wirrem Gewimmel.

Ich schimmre

und flimmre

5 und decke das Land

zahllos wie Sand.

Doch unversehens

im Sonnenschein

schleich ich

10 und weich ich

und schlüpf ins Dunkel

der Erde hinein.

Friedrich Wilhelm Güll

Viertes Rätsel

Vier Freunde drehen das Rad dieser Welt.
Man kann sie nicht kaufen. Sie kosten kein Geld.
Sie nehmen das Leben und geben's zurück,
wenn man sie nur lässt, bescheren sie Glück.
5 Doch wer sie nicht achtet und wer sie verlacht,
dem zeigen sie ihre Kraft und Macht.

Den Vierten will ich dir nun beschreiben,
rätst du ihn, schenkt er dir Wasserscheiben.

Er kommt langsam, geht langsam über den Berg.
10 Er liebt Sterne und Kerzen und Feuerwerk.
Lang ist sein Nachthemd, sein Bart weiß und spitz.
Ein strenger Herr Doktor. Doch mag er auch Witz;
drei Tage zieht er die Pappnase an
und macht jeden verschnupft, der nicht lachen kann.

Karlhans Frank

Was bringt dieser Freund?

Schneekristall

Ein Schneekristall lag
mir auf der Hand, ewig schön,
eine Sekunde.

Josef Guggenmos

Knecht Ruprecht

Von drauß vom Walde komm ich her;
ich muss euch sagen, es weihnachtet sehr!
Allüberall auf den Tannenspitzen
sah ich goldene Lichtlein sitzen;
5 und droben aus dem Himmelstor
sah mit großen Augen das Christkind hervor.
Und wie ich so strolcht durch den finstern Tann,
da rief's mich mit heller Stimme an:

„Knecht Ruprecht", rief es, „alter Gesell,
10 hebe die Beine und spute dich schnell!
Die Kerzen fangen zu brennen an,
das Himmelstor ist aufgetan,
Alt' und Junge sollen nun
von der Jagd des Lebens einmal ruhn;
15 und morgen flieg ich hinab zur Erden,
denn es soll wieder Weihnachten werden!
So geh denn rasch von Haus zu Haus,
such mir die guten Kinder aus,
damit ich ihrer mag gedenken,
20 mit schönen Sachen sie mag beschenken."

Ich sprach: „O lieber Herre Christ,
meine Reise fast zu Ende ist;
ich soll nur noch in diese Stadt,
wo's eitel gute Kinder hat."
25 – „Hast denn das Säcklein auch bei dir?"
Ich sprach: „Das Säcklein, das ist hier;
denn Äpfel, Nuss und Mandelkern
essen fromme Kinder gern."
– „Hast denn die Rute auch bei dir?"
30 Ich sprach: „Die Rute, die ist hier;
doch für die Kinder nur, die schlechten,
die trifft sie auf den Teil, den rechten."
Christkindlein sprach: „So ist es recht;
so geh mit Gott, mein treuer Knecht!"

35 Von drauß vom Walde komm ich her;
ich muss euch sagen, es weihnachtet sehr!
Nun sprecht, wie ich's hierinnen find!
Sind's gute Kind, sind's böse Kind?

Theodor Storm

Lerne das Gedicht auswendig und trage es vor.

S. 178 Textwerkstatt

Schneemannlaterne für Weihnachten

Du brauchst:

- ein unlinietes Blatt (DIN A4)
- einen Bleistift
- eine Schere

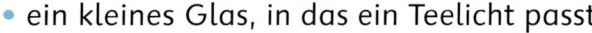

- Buntstifte
- Klebestreifen
- ein kleines Glas, in das ein Teelicht passt
- ein Teelicht

So gehst du vor:

Falte das Papier zur Hälfte zusammen,
so dass ein DIN-A5-Blatt entsteht.

Falte es dann noch einmal der Länge nach.
Zeichne mit Bleistift einen Schneemann,
der links und rechts an zwei Stellen
ganz bis zum Rand reicht.
So bleiben die vier Teile beim Ausschneiden
miteinander verbunden.

Schneide deinen Schneemann aus.
Klappe das Blatt auseinander.

Male alle vier Schneemänner mit Buntstiften an.

Klebe den ersten und den vierten Schneemann
mit Klebestreifen zusammen.

Setze das Teelicht in das Glas.
Stülpe deine Schneemann-Laterne über das Glas.

nach Eva Rüscher

Vorsicht beim Anzünden
der Schneemänner-Laterne!

Schreibe die Anleitung mit unterschiedlichen Satzanfängen auf:
Zuerst …, Danach …, Dann …,
Zum Schluss …

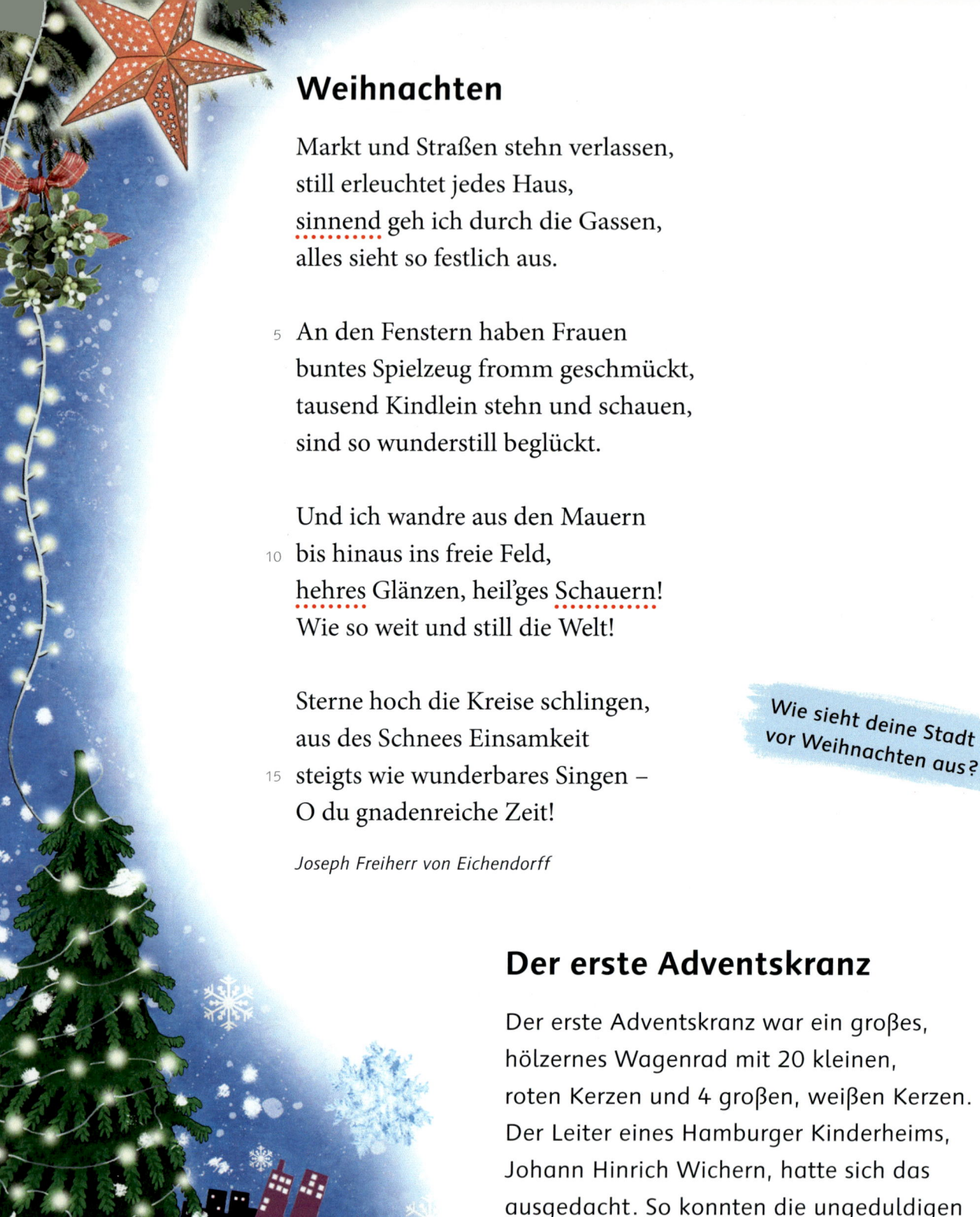

Weihnachten

Markt und Straßen stehn verlassen,
still erleuchtet jedes Haus,
sinnend geh ich durch die Gassen,
alles sieht so festlich aus.

5 An den Fenstern haben Frauen
buntes Spielzeug fromm geschmückt,
tausend Kindlein stehn und schauen,
sind so wunderstill beglückt.

Und ich wandre aus den Mauern
10 bis hinaus ins freie Feld,
hehres Glänzen, heil'ges Schauern!
Wie so weit und still die Welt!

Sterne hoch die Kreise schlingen,
aus des Schnees Einsamkeit
15 steigts wie wunderbares Singen –
O du gnadenreiche Zeit!

Joseph Freiherr von Eichendorff

Wie sieht deine Stadt
vor Weihnachten aus?

Der erste Adventskranz

Der erste Adventskranz war ein großes,
hölzernes Wagenrad mit 20 kleinen,
roten Kerzen und 4 großen, weißen Kerzen.
Der Leiter eines Hamburger Kinderheims,
Johann Hinrich Wichern, hatte sich das
ausgedacht. So konnten die ungeduldigen
Kinder jeden Wochentag eine kleine und
sonntags eine große Kerze anzünden.
Bis es endlich Weihnachten war.

Es tickt die Zeit. Das Jahr dreht sich im Kreise. Und werden kann nur, was schon immer war. Geduld, mein Herz. Im Kreise geht die Reise. Und dem Dezember folgt der Januar.

Erich Kästner

Was erwartest du vom neuen Jahr?

Neujahrsnacht

In dieser Nacht um Mitternacht,
da tut es einen Schlag,
da steht das neue Jahr vor dir
und sagt dir guten Tag.

5 Und spricht: „Bin ich nicht pünktlich? Freund,
du selbst stehst auch bereit.
Auf, wollen wir gemeinsam gehen
ein Stücklein durch die Zeit."

Josef Guggenmos

Das Nian-Monster

In alten Zeiten mochten die Menschen
in China Neujahr überhaupt nicht,
denn dann kam das Nian*-Monster.
Das Nian-Monster war eine riesige
5 Bestie. Für gewöhnlich ruhte es tief auf
dem Grund des Meeres. Aber einmal
im Jahr, am Abend des 365. Tages,
erwachte es und stieg an Land.
So warnte jedes Jahr aufs Neue einer
10 den anderen, wenn am 365. Tag die
Flut nahte: „Nian kommt, lauf um
dein Leben!"

An diesem Tag heulte der Nordwind
und es war bitterkalt, da schrie der
15 Bürgermeister schon aus vollem Hals:
„Nian kommt! Nichts wie weg!"
Und sofort führte er das gesamte Dorf
in die Berge.
Oma Ding war schon so alt, dass sie
20 nicht mehr gut auf den Beinen war.
Deshalb musste sie zu Hause bleiben.
Und so hielt sie Türen und Fenster gut
verschlossen und versteckte sich zusammen mit ihrem kleinen Enkelsohn.

25 Da tauchte ein alter Bettler auf. Seine
Augen funkelten munter. So schaute er
den hastig fliehenden Dorfbewohnern
zu. Der Alte wollte gerade wieder
weggehen, da rief ihn der Enkel zurück:
30 „Halt, wir haben noch Maultaschen,
wollen Sie welche?"

Der Alte ließ sich nicht lange bitten.
Als er sich satt gegessen hatte, klopfte
er sich zufrieden auf den Bauch und
35 fragte: „Warum sind denn alle andern
zu den Bergen gelaufen?"
Oma Ding seufzte: „Das Monster kann
jeden Moment kommen. Ich muss hier
bleiben. Sie aber müssen so schnell
40 wie möglich fort!"
Aber der Alte lachte nur schallend:
„Wenn's weiter nichts ist."
Ungläubig starrte Oma Ding ihn an:
„Was? Fürchten Sie sich denn nicht
45 vor diesem Ungeheuer?"
Der Alte erwiderte: „Sie müssen nur
noch ein paar Maultaschen für mich
kochen, dann werde ich das Monster
schon verjagen."

* Nian (gesprochen „Niän") heißt auf Chinesisch
„Jahr" oder auch „Neujahr". Das Nian-Monster
ist also das Neujahrsmonster.

 S. 180 Textwerkstatt

50 Oma Ding ging in die Küche und
begann mit einem lautstarken Tack-
tack-tack die Füllung für die Maultaschen klein zu hacken.
Der Alte ging nach draußen. Erst klebte
55 er die zwei großen roten Papierbögen
an die beiden Türflügel, dann band er
sich das große rote Tuch um. So baute
er sich siegessicher vor dem Haus auf
und erwartete gelassen die Ankunft
60 des Monsters.

Die Flutwellen schlugen gegen das
Meeresufer. Das Nian-Monster stieg
aus dem Wasser und stapfte auf das
Dorf zu. Da hörte das Monster ein
65 merkwürdiges Geräusch aus dem Dorf.
Tack, tack, tack! Dieser durchdringende
Lärm machte das Monster so wütend,
dass es in einem fort brüllte und
brüllte.

70 Als dieses gewaltige Gebrüll an Oma
Dings Ohren drang, schlotterte sie vor
Angst und hackte nur noch heftiger
mit ihrem Messer drauflos:
tacktacktacktack!

75 Das Monster fühlte sich von all dem
Lärm so elend. Es sah nun auch das
rote Papier an der Tür und das rote
Tuch. Das Nian-Monster fürchtete
nichts so sehr wie Lärm und die Farbe
80 Rot. Mühsam raffte es sich auf und floh
auf den Grund des Meeres, von wo es
sich nicht mehr hervortraute.

Da lachte der Alte und flog auf in
den Himmel. Er war also gar kein
85 gewöhnlicher Mensch, er war ein
gutmütiger Unsterblicher!

Seitdem kleben jedes Jahr an Silvester
alle Familien rote Papierrollen mit
Glück bringenden Schriftzeichen an
90 die Türen, und in der Nacht zünden sie
Kerzen an und schießen Feuerwerks-
körper in die Luft. Und am Neujahrs-
morgen begrüßt ein jeder den andern
mit dem Ausruf „Gratuliere!", weil sie
95 wieder ein Jahr glücklich beendet
haben.

Text: Kate Dargaw / Bilder: Igor Oleynikow

Die Menschen in verschiedenen Ländern
begrüßen das neue Jahr ganz unterschiedlich.
Wo könnt ihr euch darüber informieren?
Was findet ihr darüber heraus?

Zeiten und Räume

Unser Mond

Der Mond verändert seine Form von Tag zu Tag –
von der zunehmenden Mondsichel im ersten Viertel
über den zunehmenden Halbmond zum Vollmond,
dann zum abnehmenden Halbmond im dritten Viertel
5 über die schwindende Mondsichel hin zum Neumond.

Der Mond durchläuft diese Stufen, die man auch
Mondphasen nennt, wieder und wieder. Und so sehr
der Mond sein Gesicht auch wandelt, eines ändert sich nie:
Du findest in jedem Monat dieselbe Form des Mondes
10 immer zur selben Zeit am selben Platz.

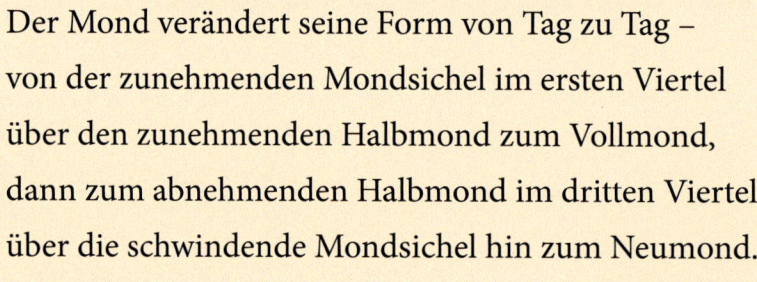

Wann ist der nächste Vollmond? Schaut im Kalender nach.

In früheren Zeiten entwickelten die Menschen
einen Mondkalender. Ein Mondmonat ist die Zeit,
die der Mond braucht, um sich einmal vollständig
um die Erde zu drehen. So ist am ersten Tag des Mondmonats
15 immer Neumond, am fünfzehnten Tag immer Vollmond.

In Ostasien spielt der Mondkalender auch heute noch
eine große Rolle. Selbst in Tageszeitungen wird oft –
neben dem Datum des offiziell eingeführten westlichen Kalenders –
das Datum nach dem Mondkalender angegeben.
20 Erster Tag des Monats ist der Tag des Neumonds.

Text: Chang-hoon Jung und Hans-Jürgen Zaborowski
Bilder: Ho Jang

Verändert der Mond wirklich seine Form? Forscht gemeinsam nach.

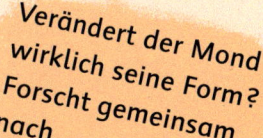

Radio-Interview mit Sigmund Jähn

Der erste deutsche Weltraumfahrer im All
war Sigmund Jähn aus Sachsen. Er flog am
26. August 1978 zur russischen Raumstation Saljut 6.
Das Radiointerview entstand fast 15 Jahre später.

5 **Wie war das damals, als Sie zusammen mit einem russischen**
Raumfahrer ins Weltall fliegen konnten?

Es gab ein Weltraumprogramm für einen gemeinsamen Flug
auf eine russische Weltraumstation. Sie fliegt für viele Jahre
um die Erde und kommt auch nicht mehr zurück. Wenn sie nicht

10 mehr tauglich ist, fällt sie in den Ozean. Und diese Raumstation
kann man mit kleineren Raumschiffen, die ungefähr so groß sind
wie ein Auto, anfliegen.

Wie lange waren Sie unterwegs?

Das war so: In der russischen Raumstation Saljut 6 waren
15 zwei Kosmonauten, so nennt man in der russischen Raumfahrt
die Raumfahrer, die flogen damals schon siebzig Tage um die Erde.
Und die haben wir aufgesucht. Wir sind mit der Rakete Sojus 31
gestartet und waren länger als eine Woche unterwegs.

Bevor Sie losgeflogen sind, hatten Sie da Angst?

20 Also Angst darf man dabei nicht haben. Aber aufgeregt ist man
natürlich schon. Zuerst wird man mit einem Fahrstuhl in
das Raumschiff an der Spitze der Rakete gefahren, und die ist
ungefähr fünfzig Meter hoch, also wie ein großer Kirchturm.
Wenn man dann in dem Raumschiff sitzt, sieht man zunächst
25 gar nichts mehr, denn es ist mit einem Schutzschild abgedeckt.
Dann geht es mit einem Riesenkrawall los. Die Rakete hebt ab,
wird schneller, immer schneller. Das poltert und kracht und dröhnt
schon ganz schön in den Ohren. Dann fliegt nach ein paar Minuten
die Verkleidung weg, die um das Raumschiff herum war.

30 **Dann ist man aber schon hoch in der Luft?**

Dann ist man schon ungefähr 50 km hoch über der Erde
und die Rakete wird immer schneller, schneller, schneller.
Man sieht dann schon, wenn die Verkleidung weg ist,
dass der Himmel wieder hell ist.

35 Und plötzlich gab es dann noch einmal einen Knall,
als das Raumschiff von der Rakete abgesprengt wurde,
und dann waren wir schwerelos. Wir saßen im Raumschiff
und ich hatte ein ganz komisches Gefühl. Die Hände
bewegten sich so locker, obwohl man angeschnallt war.

40 **Von alleine?**

Ja, man ist eben schwerelos. Das ist ja wohl das Schönste,
was ein Raumfahrer erleben kann, wenn er plötzlich
sein Körpergewicht nicht mehr spürt. Und dann, muss ich sagen,
etwas Schöneres habe ich noch nicht erlebt: Man sieht,

45 dass die Erde rund ist, richtig mit den Wolkenwirbeln.
Und dann die wunderschöne blaue Atmosphäre. Nicht umsonst
heißt die Erde ja der Blaue Planet. Und dass man immer
die schöne blaue Erde, die man richtig lieb gewinnt,
von da oben sieht und man immer daran denkt, dass unser

50 Blauer Planet vielleicht der schönste ist, den es im Weltall gibt.

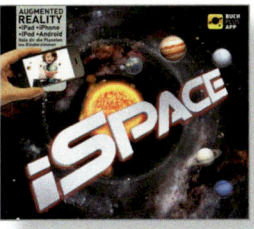

Du kannst den Weltraum
im Buch oder mit der App
entdecken.

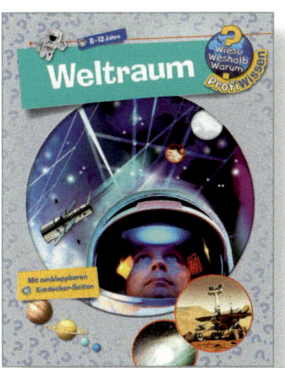

Profiwissen und
Experimente

🙂 Das kann ich schon:
Informationen aus
einem Interview
entnehmen

Es gibt auch viele Kinderzeitschriften zum Thema
Weltraum. Erkundige dich.

Raketen, Satelliten, Raumfahrt ins All

Die ersten Menschen im Weltall

Am 20. Juli 1969 betrat zum ersten Mal ein Mensch
den Mond. Es war der Amerikaner Neil Armstrong.
Dabei sprach er die berühmten Worte:
„Ein kleiner Schritt für einen Menschen,
aber ein gewaltiger Schritt für die Menschheit."
Der erste Mensch im Weltall war der Russe Juri Gagarin.
Das war acht Jahre vorher, am 12. April 1961.

Wofür braucht man Raketen?

Alles, was von der Erde ins All soll, muss mit Raketen
transportiert werden: Raumsonden, Raumstationen,
Satelliten und Raumkapseln. Die Raketen bringen
zum Beispiel Satelliten ins All und sorgen dafür,
dass sie genau in die richtige Umlaufbahn kommen.
Da schweben die Satelliten dann alleine weiter –
die Rakete wird nicht mehr gebraucht.
Sogar der Spaceshuttle startete mit Hilfe von Raketen.
Beim Start hatte er auf beiden Seiten zusätzlich je
eine riesige Hilfsrakete – sogenannte Booster.
Diese wurden aber schon nach dem Start abgeworfen,
sobald sie ausgebrannt waren.

Die Raumstation „Mir"

Die Mir war eine sowjetisch-russische Raumstation.
Auf Deutsch übersetzt bedeutet Mir „Frieden". Im Jahr
1986 wurde das erste Teil, das Basismodul der Raumstation „Mir", ins All gebracht. Die Mir flog insgesamt
5 Jahre lang um die Erde und umrundete diese dabei
etwa 90 000 Mal. Sie war länger in Betrieb als irgendein
anderes Raumschiff zuvor. An Bord haben Kosmonauten
Tausende von medizinischen und naturwissenschaftlichen
Experimenten gemacht.

ISS – die Riesen-Libelle

Die ISS ist eine internationale Raumstation.
Sie ist seit 1998 im Bau. Viele Länder arbeiten
zusammen an diesem Projekt. Die ISS ist
so groß, dass die Teile einzeln in den Weltraum
gebracht werden müssen. Dort bauen
die Astronauten sie dann zusammen.
Die ISS wächst von Jahr zu Jahr.

Weltraumteleskope

Teleskop ist ein anderes Wort für Fernrohr.
Im Weltraum schwirren viele dieser Superaugen
herum, durch sie können wir ins All schauen.
Das bekannteste ist „Hubble". Seit 20 Jahren macht
der Milliarden Euro teure Satellit unglaubliche
Entdeckungen – und hält die Forscher mit Pannen
auf Trab. Hubble braucht 97 Minuten, um einmal
den Erdball zu umrunden. Jede Woche funkt
die Sonde so viele Daten, dass man damit,
auf Buchseiten ausgedruckt, einen Kilometer Regal
füllen könnte.

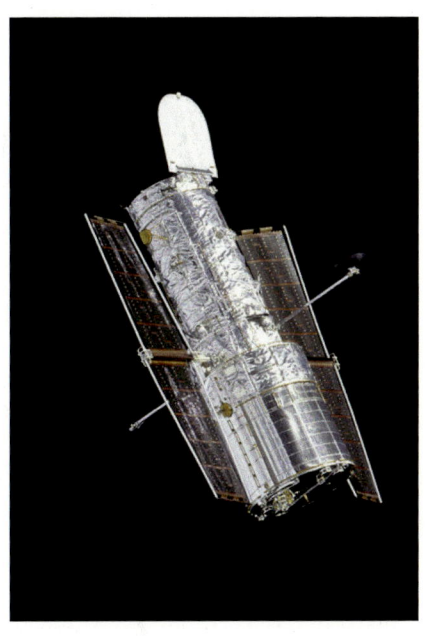

Wettersatelliten

Wettersatelliten beobachten das Wetter.
Sie messen und dokumentieren. Diese Daten
senden die Satelliten dann zur Erde. Spezialisten
können eine Wettervorhersage erstellen,
indem sie Wind und Regen beobachten und
die Temperatur von Boden und Luft messen.
Die Wolkenbilder, die Wettersatelliten machen,
kennst du bestimmt aus der Wettervorhersage.

Hopp, Hopp, Hypersprung

Onkel Grigorian führte die Kinder über den Hof zu einem benachbarten Steingebäude. Es hatte keine Fenster. Er öffnete mit einem Schlüssel, ließ sie eintreten, schaltete das Licht ein und schloss die Tür wieder hinter sich.

5 Der Raum sah aus wie ein modernes Büro. Es gab drei Polstersessel, einen Drehstuhl, einen Schreibtisch, eine altmodische Schreibmaschine und einen Aktenschrank.

Helen untersuchte die Tür. „Das ist merkwürdig", sagte sie.

Fritz ging zu ihr. „Was denn?"

10 „Sieh nur, ich kann nicht einmal meinen Fingernagel in den Spalt zwischen Tür und Rahmen schieben. Sie sitzt unglaublich eng. Wie kommt überhaupt Luft in diesen Raum?"

Fritz sah sich die Sache genauer an. Er wollte die Tür betasten, doch sein Finger stoppte einen Millimeter vor dem Holz. Es war, als läge eine

15 dünne, transparente Schicht Plastik über der Tür und über der Wand.

„Es ist wie ein Siegel, rings um den Raum!", rief er aus.

„Ganz genau", sagte Onkel Grigorian. „Und jetzt möchte ich euch zeigen, wozu es dient."

Er öffnete den Aktenschrank, doch anstatt eine einzelne Schublade

20 hervorzuziehen, klappte er die gesamte Vorderfront auf, und ein Paneel mit Schaltern und Knöpfen kam zum Vorschein. Er betätigte scheinbar willkürlich einige davon, dann schloss er die Schranktür wieder.

„Fällt euch etwas auf?"

Helen sah sich um. „Die Wände sind plötzlich dunkel", sagte sie.

25 „Seht nach oben!", sagte Onkel Grigorian.

Sie taten, was er sagte, und – sahen Sterne, Millionen von Sternen, viel mehr als gewöhnlich und viel heller obendrein.

Da war noch etwas am Himmel: Ein riesiger Planet, viermal so groß wie der Mond, blau und in weiße Wolken gehüllt. Ein kleiner Teil davon,

30 wie eine Sichel, lag im Dunkeln.

„Wir sind auf dem Mond!", rief Tubs aufgeregt.

S. 170 **Textwerkstatt**

„Sei nicht albern", sagte Fritz. „Das ist eine Projektion – die Erde
aus dem Weltraum gesehen. Es ist unglaublich gut!"

„Es ist wunderschön", flüsterte Helen.

35 Plötzlich bemerkte Fritz noch etwas anderes. „Die Wände!", sagte er.

„Sie sind dunkel", sagte Tubs.

„Sieh hindurch, nicht auf sie."

Die drei Kinder kniffen die Augen zusammen. Sie sahen eine graue,
zerklüftete Landschaft, die ein wenig an eine vom Mondlicht beschienene

40 Wüste erinnerte.

„Ich hab's euch doch gesagt, wir sind auf dem Mond!", krähte Tubs.

„Ja. Bei der Decke ist es leicht, genau wie bei drei der Wände. Man braucht
nichts weiter als einen Rückprojektor hinter diesem transparenten Zeug.
Aber die Vorderwand, mit der Tür? Dahinter liegt der Farmhof …"

45 „Viel einfacher", sagte Onkel Grigorian. „Wir sind tatsächlich
auf dem Mond."

Fritz stieß ein ungläubiges Lachen aus.

„Mach einen Spaziergang nach draußen – das beweist es", schlug Tubs vor.

„Das können wir nicht", entgegnete Fritz.

50 Onkel Grigorian öffnete erneut den Aktenschrank, drückte ein paar
Knöpfe, drehte an ein paar Schaltern und plötzlich waren die weißen
Wände und die Tür des Farmgebäudes wieder da.

„Gehen wir woandershin."

Diesmal blieben die Wände und die Decke unverändert,
doch neben der Tür erschien ein Fenster. Fritz sah nach draußen.
„*Trafalgar Square!*", rief er.

Onkel Grigorian lächelte und schwieg.

„Die Wände sind sehr dick", sagte Fritz. „Du könntest die Projektoren
in die Steinmauern eingebaut haben."

„Aber hier könnt ihr nach draußen gehen", antwortete Onkel Grigorian.
Fritz starrte ihn an.

„Nur zu!"

Fritz öffnete die Tür, trat nach draußen – und fand sich auf dem Bürger-
steig des *Trafalgar Square* mitten in London wieder. Einigermaßen
benommen kehrte er in das Büro des Onkels zurück.

„Nun", sagte er schließlich zu Grigorian. „Wenn du damit nach London
kannst, dann kannst du wohl auch auf den Mond."

„Wie funktioniert es?", wollte Helen wissen. „Ich meine, wie arbeitet
der Antrieb?"

„Ich habe nicht die leiseste Ahnung", gestand Onkel Grigorian.
„Ich bin kein Physiker."

„Aber was …" Fritz schluckte mühsam und setzte erneut zu seiner Frage
an. „Onkel Grigorian, was bist du dann?"

„Ich studiere Gesellschaften. Doch ich arbeite auch für meine Regierung
als eine Art Geheimagent. Ich muss eine ganze Reihe von Welten im Auge
behalten, die kurz davorstehen, die große Raumfahrt in die unendlichen
Weiten des Weltraums zu entdecken. Eure ist eine dieser Welten."

„Woher kommst du überhaupt?", fragte Tubs.

„Meine Heimatwelt", antwortete Onkel Grigorian, „ist der Planet *Klipst*.
Er liegt siebzehn Lichtjahre von hier entfernt, in der Umlaufbahn einer
kleinen Sonne namens *Marn*."

Ken Follett

Wie könnte es auf dem
Planeten Klipst aussehen?

Der Flug zum Mars

Seit dem Jahr 2000 planen die NASA
und die Europäische Raumfahrtorganisation ESA
den nächsten Schritt ins All: einen Flug zum Mars.
Der Mars ist der Nachbarplanet der Erde.

5 Doch eine Mission dorthin ist ungleich komplizierter
als ein Mondflug – schon wegen der Entfernung:
Während der Mond im Schnitt nur 384 000 Kilometer
über unseren Köpfen kreist, nähert sich der Mars
gerade einmal alle zwei Jahre auf weniger als

10 100 Millionen Kilometer. Astronauten steht eine
Reise von mehr als sechs Monaten bevor.

Die erste Marsmission soll um das Jahr 2030 starten.
Sie soll aus zwei Teilen bestehen: Zuerst landet ein
unbemanntes Raumschiff. Es setzt ein Kraftwerk ab,

15 das aus Wasserstoff und dem Kohlendioxid der
Marsatmosphäre Sauerstoff und Methan herstellt –
das dient als Treibstoff für den Rückflug. Zwei Jahre
später folgen die Astronauten. Sie erforschen den Mars
und suchen nach Wasser.

20 Langfristig, glauben die Forscher, könnten Pioniere
den Planeten sogar bewohnbar machen.

Stefan Greschik

---

seit 2000 planen NASA
und ESA
einen Flug zum Mars
Nachbarplanet

nähert sich
alle zwei Jahre weniger als
100 Millionen Kilometer
Reise von mehr als sechs
Monaten
erste Marsmission 2030

Kraftwerk

Treibstoff für den Rückflug
Zwei Jahre später
Astronauten
suchen nach Wasser

Langfristig bewohnbar

Der Mars-Rover wurde
2004 auf dem Roten Planeten
abgesetzt. Seither sucht er nach
Wasser und schickt
Fotos zur Erde.

Lesestrategien S. 20 Textwerkstatt S. 174

Das bin ich

Die große Wörterfabrik

Es gibt ein Land, in dem die Menschen fast gar nicht reden.
Das ist das Land der großen Wörterfabrik.
In diesem sonderbaren Land muss man die Wörter kaufen
und sie schlucken, um sie aussprechen zu können.

5 Es gibt Wörter, die sind wertvoller als andere. Man sagt sie nicht oft.
Eigentlich nur, wenn man sehr reich ist. Denn im Land der großen
Wörterfabrik ist
sprechen teuer.
An manchen Tagen fliegen

10 Wörter durch die Luft.
Die Kinder fangen sie dann mit ihren Schmetterlings-
netzen ein. Sie sind stolz, wenn sie ihren Eltern
beim Abendessen einige Wörter sagen können.
Heute hat Paul drei Wörter in seinem Netz

15 gefangen. Aber er
sagt sie nicht gleich,
denn er möchte
sie aufheben.

S. 184 Textwerkstatt

Morgen ist Maries Geburtstag. Paul hat sie furchtbar lieb.

20 Das würde er ihr gerne sagen. Doch dafür hat er nicht
genug Geld in seiner Spardose. Also wird er ihr die drei
Wörter schenken, die er gefunden hat.
Marie wohnt im Nachbarhaus. Paul klingelt an ihrer Tür.
Er kann nicht sagen: „Hallo, wie geht's?", weil er diese Wörter nicht hat.

25 Stattdessen lächelt er. Marie trägt ein kirschrotes Kleid. Sie lächelt auch.
Plötzlich sieht Paul Oskar hinter ihr. Oskar ist Pauls schlimmster Feind.
Seine Eltern sind sehr reich. Aber das ist nicht der Grund,
weshalb Paul ihn nicht leiden kann. Oskar lächelt nicht.
Er spricht. Zu Marie.

30 **„Ich liebe dich von ganzem Herzen, meine Marie.**
Eines Tages, das weiß ich, werden wir heiraten."

„Das hat ja ein Vermögen gekostet!", denkt Paul. Marie lächelt
noch immer. Und Paul weiß nicht, wen sie eigentlich anlächelt.
„Meine Wörter sind klitzeklein!", denkt Paul. Er holt tief Luft

35 und denkt ganz fest an all die Liebe in seinem Herzen.
Und dann sagt er die Wörter, die er in seinem Netz gefangen hat.
Die Wörter fliegen zu Marie. Sie sind wie kostbare Kieselsteinchen.

Kirsche! Staub! Stuhl!

Paul hat noch ein einziges Wort, das er sagen kann.

40 Vor langer Zeit hat er es in einem Mülleimer gefunden.
Er hat es für einen ganz besonderen Tag aufgehoben.
Und dieser Tag ist jetzt da.

Text: Agnès de Lestrade / Bilder: Valeria Docampo

Welches Wort könnte
Paul gefunden haben?

Ich kapier das nicht

Am Wochenende war doch alles in Butter. Samstag haben Vincent und ich stundenlang an unserer Story gebastelt. Wir haben gezeichnet und die Bilder mit Papas Digitalkamera aufgenommen. Das ist zwar eine Höllenarbeit und es geht ganz langsam, aber zum Schluss konnte
5 man schon sehen, wie sich da was bewegt. Echt! Und jetzt so was.

Zorro grinst so breit, dass es nicht schwer ist, zu erraten, wer das da hingeschrieben hat.

„Da ist ja unser Süßer!", höre ich.

Aber es ist nicht Zorro, der das sagt, auch nicht Monsterbacke Ritschie.
10 Es ist Tim. Der liebe, harmlose Tim. Ich glaub's nicht. Dem hab ich doch nie was getan. Sind die jetzt alle durchgedreht? Ich drehe mich zu Vincent um.

„Hast du das gesehen?", frage ich empört. Er grinst mich bloß an.

„Ich wisch das jetzt weg!", sagt jemand. Es ist Cleo. Das ist total nett
15 von ihr, aber auch total doof irgendwie. He Mann, sie ist ein Mädchen. Ich werde von einem Mädchen gerettet. Und das kann nur nach hinten losgehen.

Es ist nach hinten losgegangen. Natürlich haben wieder alle gelacht. Und jetzt ist Cleo auch noch sauer auf mich. Bloß weil ich gesagt habe,
20 dass ich ja nichts dafürkann, dass mir ein Mädchen hilft. Und das hab ich nur gesagt, weil Zorro und Monsterbacke in einer Tour „Weichei, Mädchenversteher, Weichei!" geplärrt haben.

Cleo ist ganz blass geworden und hat ihre Augen zusammengequetscht. Dann hat sie sich vor mir aufgebaut. Ganz dicht! Mit ihrer Nasenspitze
25 an meiner.

„Weichei!", hat sie gezischt. „Da muss ich den Jungs ausnahmsweise mal recht geben."

Ich war echt froh, als die Schule endlich aus war. Schon weil Zorro und Ritschie keine Gelegenheit ausgelassen haben, „Luilein ist noch klein!"

30 zu rufen.

Und das Blödeste ist, dass Vincent den ganzen Vormittag keine Zeit hatte, mit mir zu reden. Jede Pause hat er dazu genutzt, so eine fiese Deutschhausaufgabe abzuschreiben. Einmal hab ich versucht, ihn was zu fragen.

35 „Ich will nicht schon wieder eine miese Note!", hat er gemurmelt und nicht mal von seinem Heft hochgeguckt. Heute Nachmittag hat er auch keine Zeit wegen Mathe.

Ich will nicht, dass Cleo sauer auf mich ist. Cleo wohnt in unserer Straße. Ihre Mutter macht die Tür auf.

40 „Cleo ist im Baumhaus", sagt sie.
Cleo hängt kopfüber an ihrer Luftschaukel. Sie verzieht keine Miene. Sie lässt eine Kaugummiblase platzen. Eine Weile starren wir uns bloß an.
„Sorry, wegen heute Morgen!", murmle ich irgendwann.

45 Cleo verdreht ihre Augen und bringt sich langsam in eine aufrechte Position.
„Was willst du mir damit sagen?", fragt sie spitz. „Sorry, dass heute ein Morgen war? Sorry, dass es heute Morgen geregnet hat? Oder sorry, dass heute Morgen nicht gestern war?"

50 „Du weißt schon ...!", sage ich. „Was soll ich denn noch sagen?"
„Was du sagen sollst?", faucht Cleo. „Sorry, dass ich ein mieser Verräter bin. Sorry, dass ich mich von dieser Affenbrut einschüchtern lasse. Sorry, dass ich so viel Mut wie ein Eichhörnchen habe!
Such dir was aus!"

55 „Ich nehm das Zweite!", sage ich patzig.
Cleo seufzt. „Willst du 'ne Limo?"
„Zitrone", sage ich.

Dagmar Geisler

🙂 Das kann ich schon: mich in Luis hineinversetzen

Gelb schmeckt nach Senf

Für Thomas schmeckt die Farbe Gelb nach Senf,
und sie ist so weich wie der Flaum von Küken.
Die Farbe Rot ist so süß wie eine Erdbeere und
so saftig wie die Wassermelone, und sie tut weh,
5 wenn sie aus seinem abgeschürften Knie quillt.
Die Farbe Braun raschelt unter seinen Füßen, wenn
die Blätter vertrocknet sind. Manchmal duftet sie nach
Schokolade, und manchmal riecht sie sehr schlecht.
Thomas sagt, dass Blau die Farbe des Himmels ist,
10 wenn die Sonne seinen Kopf wärmt. Aber der Himmel
wird weiß, wenn die Wolken beschließen, ihn zuzudecken,
und es zu regnen beginnt.
Wasser allein ist für Thomas nichts Besonderes.
Es hat weder Farbe noch Geschmack noch Geruch.
15 Er sagt, dass die Farbe Grün nach frisch gemähtem Gras
duftet und nach Pfefferminzeis schmeckt.
Schwarz ist die Königin der Farben. Sie ist so weich
wie Seide, wenn seine Mama ihn umarmt und
mit ihren Haaren umhüllt. Thomas mag alle Farben,
20 weil er sie hören, riechen, fühlen und schmecken kann.

Menena Cottin

Wonach riechen oder schmecken die Farben für dich? Tausche dich mit anderen Kindern darüber aus.

Kathrin spricht mit den Augen

Hallo, ich heiße Kathrin! Ich bin zehn Jahre alt und wohne mit meiner Mama und meinem Bruder Niklas in einem großen Haus in der Stadt.

Ich mag gern Musik und Geschichten. Nachmittags lese ich viel oder ich spiele mit Niklas. Wir liegen dann auf der Erde und machen Quatsch
5 oder wir toben miteinander.

Doch das ist nicht immer leicht, denn ich kann meine Arme und Beine nicht so bewegen, wie ich das gern möchte.

Auch das Sprechen fällt mir schwer. Kurze Wörter wie „ja" oder „nein", „Mama" oder „Papa" kann ich zwar leicht sagen, doch ganze Sätze kann ich
10 leider nicht sprechen.

Eigentlich rede ich mit meinen Augen. Wenn ich etwas haben möchte, schaue ich es an und jemand anderes muss es mir bringen.

Wenn ich spazieren möchte, blicke ich zur Tür, und wenn ich Hunger habe, sehe ich den Tisch an. Nur mit den Blicken zu sprechen ist schwierig und
15 man kann auch nicht alles ausdrücken, was man möchte.

Aber es gibt einen Satz, den ich mir ausgedacht habe und den meine Mutter mir ganz groß aufgeschrieben hat:

„Nicht lachen können ist schlimmer als nicht reden können."
Und lachen kann ich sehr gut.

20 Doch obwohl die Zeit mit Mama und Niklas immer schön ist, fühle ich mich allein.

Das ist überhaupt das Schlimmste: nicht, dass ich nicht laufen kann; nicht, dass ich nicht sprechen kann; sondern dass ich keine richtige Freundin habe.

Ob wohl alles anders wäre, wenn ich reden könnte? Ich glaube schon.
25 Wer weiß, vielleicht treffe ich jemanden, der mich auch so versteht und der mich mag.

Das ist mein größter Wunsch.

Kathrin Lemler / Stefan Gemmel

Versucht selbst, mit den Augen zu sprechen und einander zu verstehen.

Beste Freundin dringend gesucht

Von Papa bekam ich ein Geschenk. Ein kleines, rotes Notizbuch
mit einem Ledereinband. Jetzt schreibe ich alle wichtigen Dinge,
die ich dringend erledigen muss, in mein Notizbuch. Als Erstes
habe ich das Allerwichtigste in mein Notizbuch geschrieben:

> Eine beste Freundin
> für Elfriede finden,
> DRINGEND!
> (Elfriede müsste ich eigentlich nicht schreiben, weil ich ja
> Elfriede bin. Aber ich schreibe es trotzdem genauso hin,
> weil es so wichtiger aussieht.)

Ich habe auch schon einen Plan:
Zuerst mache ich eine Liste mit allen Mädchen aus meiner Klasse,
die geeignet sind, meine beste Freundin zu werden.

Liste mit Freundinnen für Elfriede (mich!):

✿ *Lena Berger, vielleicht. Hat mich beim Volleyball noch nie
   in ihre Mannschaft gewählt. Mag Knutschfilme. Eher nein.*
✿ *Die andere Lena: Sagt, ich würde bei ihr abschreiben. Nein.*
✿ *Laura, redet fast nur mit Melanie und den beiden Lenas! Nein!*
✿ *Melanie, will immer die Beste sein, teilt nie. Nein.*
✿ *Tilek, redet andauernd von ihren Springmäusen, ist eingebildet. Nein!!!*
✿ *Mona, hat zwei Ratten, ist genauso eingebildet wie Tilek. Nein.*
✿ *Hanna, ist Vesnas beste Freundin. Petzt. Nein.*
✿ *Sophie. Klar, Sophie!*

Von allen Mädchen in meiner Klasse ist Sophie am besten geeignet, meine beste Freundin zu werden. Immerhin hat sie mich im letzten Jahr zu ihrer Geburtstagsfeier eingeladen. Sophie hat nur einen Nachteil: Ich glaube, sie wäre gerne Lena Bergers beste Freundin. Egal, ich frage sie gleich morgen, ob sie sich mit mir treffen will.

Katja Alves

Wie soll eine gute Freundin, ein guter Freund sein?

Über diese Frage haben die 25 Kinder einer vierten Klasse diskutiert.
Jeder konnte seine Meinung zu dieser Frage sagen.
Die verschiedenen Aussagen hat die Klasse für eine Umfrage notiert.
Bei der Umfrage konnten alle ankreuzen, ob sie den Aussagen zustimmen oder nicht.

Ein guter Freund, eine gute Freundin …

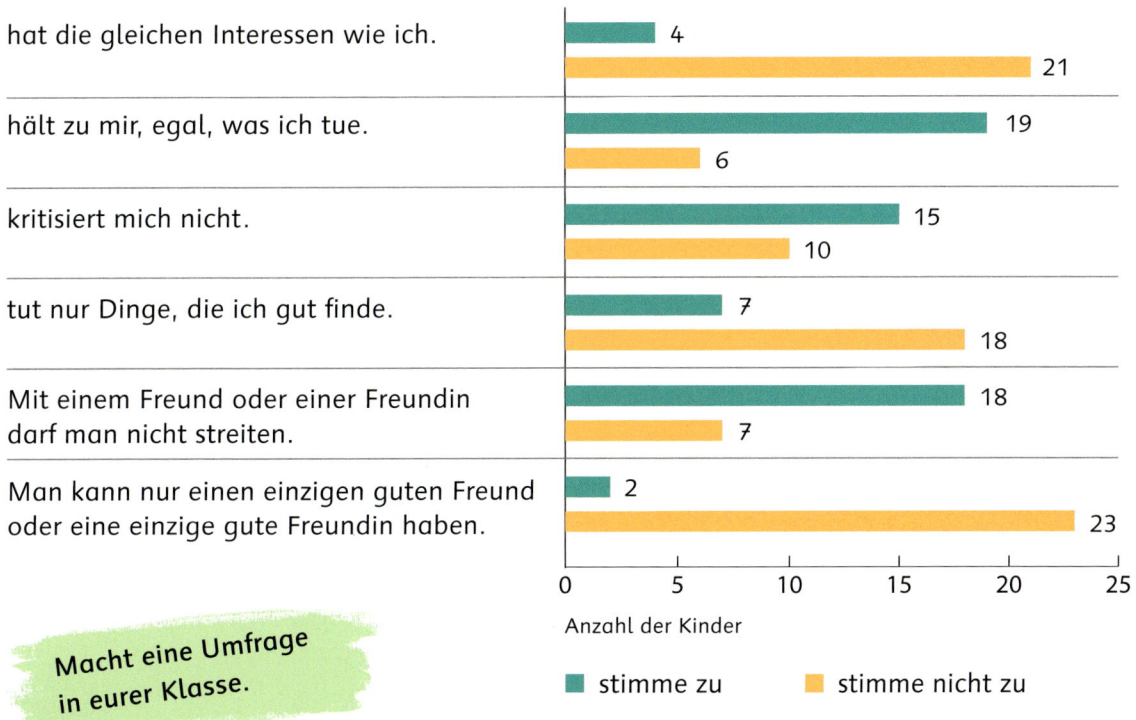

hat die gleichen Interessen wie ich. — stimme zu: 4, stimme nicht zu: 21
hält zu mir, egal, was ich tue. — stimme zu: 19, stimme nicht zu: 6
kritisiert mich nicht. — stimme zu: 15, stimme nicht zu: 10
tut nur Dinge, die ich gut finde. — stimme zu: 7, stimme nicht zu: 18
Mit einem Freund oder einer Freundin darf man nicht streiten. — stimme zu: 18, stimme nicht zu: 7
Man kann nur einen einzigen guten Freund oder eine einzige gute Freundin haben. — stimme zu: 2, stimme nicht zu: 23

Anzahl der Kinder

■ stimme zu   ■ stimme nicht zu

Macht eine Umfrage in eurer Klasse.

Zarah

Es waren einmal vier Freundinnen und eine Freundin dazu.

Anke, Berit, Cordula, Dorothea und Zarah.

„Heute gehen wir in den Wald", sagte Dorothea.

„Oder hast du etwa Angst, Zarah?", fragte Anke.

5 „Kommst du mit oder nicht?", wollte Dorothea wissen.

Und Zarah sagte: „Ich komme mit!"

Der Wald war ein düsterer Ort mit uralten Bäumen.

Kaum waren sie hundert Meter gegangen, flitzte etwas Kleines

an ihnen vorbei.

10 „Hast du das gesehen, Zarah?", fragte Anke und

zeigte nach oben. „Das war der gefürchtete Baumtroll Ogill,

der hat Krallen bis hierhin und Haare bis dahin

und sein Hintern ist genau dort, wo sein Kopf sein sollte,

und sein Kopf, wo sein Hintern sein sollte."

15 Die Freundinnen machten *Ihh* und *Ähh*, und Zarah schaute

in die Bäume und machte überrascht *Ach*.

Sie kamen an eine Brücke, unter der ein modriger Bach verlief.

Aus dem Schlamm schaute eine Kröte hervor.

„Oho, jetzt ist es vorbei", sagte Berit, „hast du das gesehen,

20 Zarah, da im Bach, diese komischen Augen? Die gehören

dem Schlammfresser Feggel. Feggel hat hier zwei Augen

und dann noch mal zehn Augen, die alle auf seiner Zunge

drauf sind, und wenn er seine Zunge rausstreckt und

dich ansieht, dann bist du verloren."

25 Die Freundinnen rannten kichernd über die Brücke,

nur Zarah schaute auf den Bach und das Wasser hinunter

und machte *Ach*.

Dorothea wollte weitergehen, als direkt vor ihr
ein kleiner Hügel entstand.

30 Dunkle Erde stieg auf, dann guckte kurz ein Kopf heraus,
schaute blind von links nach rechts und verschwand
erschrocken, als die vier Freundinnen anfingen zu kreischen.
„Puh, das ist ja noch einmal gut gegangen, Zarah",
sagte Cordula danach und drückte sich die Hand aufs Herz,

35 „da hast du aber Glück gehabt, dass wir bei dir waren,
wer weiß, wohin dich der Erdteufel Lappowick verschleppt
hätte. Wenn der Erdteufel riecht, dass jemand über ihm läuft,
dann SCHIESST er aus der Erde und SCHNAPPT dich."
Zarah trat näher an das Erdloch heran und berührte es

40 mit ihrem Schuh.
„Jetzt ist er weg", sagte Dorothea und trat mit beiden Füßen
in den Erdhaufen, „jetzt brauchst du keine Angst mehr
zu haben, Zarah."
Die vier Freundinnen machten den Erdhaufen platt,

45 und Zarah stand daneben und wunderte sich.

Ganz schleichend brach die Dämmerung herein.
Die Schatten im Wald wurden länger und dichter.
Von jedem Baum und jedem Gebüsch, aus jedem Erdloch und
sogar von den Grashalmen kam ein Knacken und Rascheln.

50 „Was für ein Glück, dass du hier nicht alleine bist",
sagte Dorothea zu Zarah und rückte mit ihren Freundinnen
zusammen, „denn wenn man hier alleine ist, dann ist man
verloren und …"

Dorothea verstummte, selbst der Wald verstummte

55 für einen Moment.

Die Freundinnen hielten die Luft an, dann erklang ein Meckern,

und vier Schafe liefen hintereinander über den Weg.

Erst als die Schafe weg waren, atmeten sie wieder aus,

und Dorothea sprach flüsternd weiter: „… das da eben war

60 der gefährliche Lindwurm Raskoff. Er hat fünf Köpfe und

zwanzig Beine und schleicht durch die Wälder und frisst alles,

was auch nur atmet. Und wenn wir nicht gewesen wären,

dann hätte dich der Lindwurm bestimmt gefressen."

„Ach", sagte Zarah und schaute neugierig den Schafen hinterher.

65 Etwas regte sich in den Baumkronen, dann wischte ein Schatten

durch die Luft, und ein schrilles Fiepen war zu hören.

Zarah schaute hoch.

Eine der Fledermäuse flog so nahe an ihrer Nase vorbei,

dass Zarah niesen musste.

70 „Oh, arme Zarah, jetzt ist es um dich geschehen", sagte Dorothea.

„Die blutrünstige Vampirin Kattinka ist hinter dir her und

will dich leer saugen", zischte Cordula.

„Sie hat zwei nadelscharfe Zähne im Mund und ganz feine

Ohren, die auf tausend Meter jeden Herzschlag hören",

75 drohte Berit.

Zarah schaute hoch und wollte eben *Ach* sagen,

als eine Fledermaus Kurs auf Dorotheas Kopf nahm.

Die vier Freundinnen rannten wie wild davon.

Sie rannten und rannten.

80 Zarah blieb allein im Wald zurück. Sie spazierte aus dem Wald heraus und erreichte ihr Zuhause spät in der Nacht. Aber das machte nichts, denn überall brannten Lichter in den Fenstern. Zarah wusste, dass immer jemand da war, wenn sie nach Hause kam.

85 Zarah trat durch die Tür. Von der Decke hing der Lindwurm Raskoff. Seine fünf Köpfe drehten sich und er kraulte ihr zur Begrüßung mit seinen Krallen den Rücken.
„Hallo, Zarah", sagte er.
Am Grammofon stand der Erdteufel Lappowick und
90 lauschte einer Platte. Er bleckte seine spitzen Zähne und ließ seine goldene Zunge sehen.
„Hallo, Zarah", sagte er.
Der Schlammfresser Feggel ließ für Zarah ein dampfendes Bad ein.
95 „Hallihallo, Zarah", sagte er.
Vor dem Kamin hockte der Baumtroll Ogill und hatte ein feines Feuer entfacht, damit Zarah sich wärmen konnte.
„Hallo, Zarah", sagte er.
Im selben Moment kam die Vampirin Kattinka
100 aus der Küche geflogen.
„Wo bist du nur gewesen?", fragte sie.
„Ich war mit meinen Freundinnen im Wald",
antwortete Zarah und zog sich die Schuhe aus.

Zoran Drvenkar

Ist es im Wald gruselig?

101

Natur entdecken: Tiere

Vom Wolf, der lieb sein wollte

Alles begann an einem kalten Wintertag.
Der Wolf saß in seinem gemütlichen kleinen Haus am Feuer und
las alle seine Bücher, in denen es um Wölfe ging.
Alle Wölfe in den Geschichten waren entweder **böse**, **gruselig**
5 oder **gierig**.

„Es wird Zeit, dass einmal jemand ein Buch über einen lieben Wolf
schreibt", sagte er.
Und so setzte er sich an seinen Schreibtisch und nahm einen Bleistift.
Und das ist die Geschichte, die er schrieb:

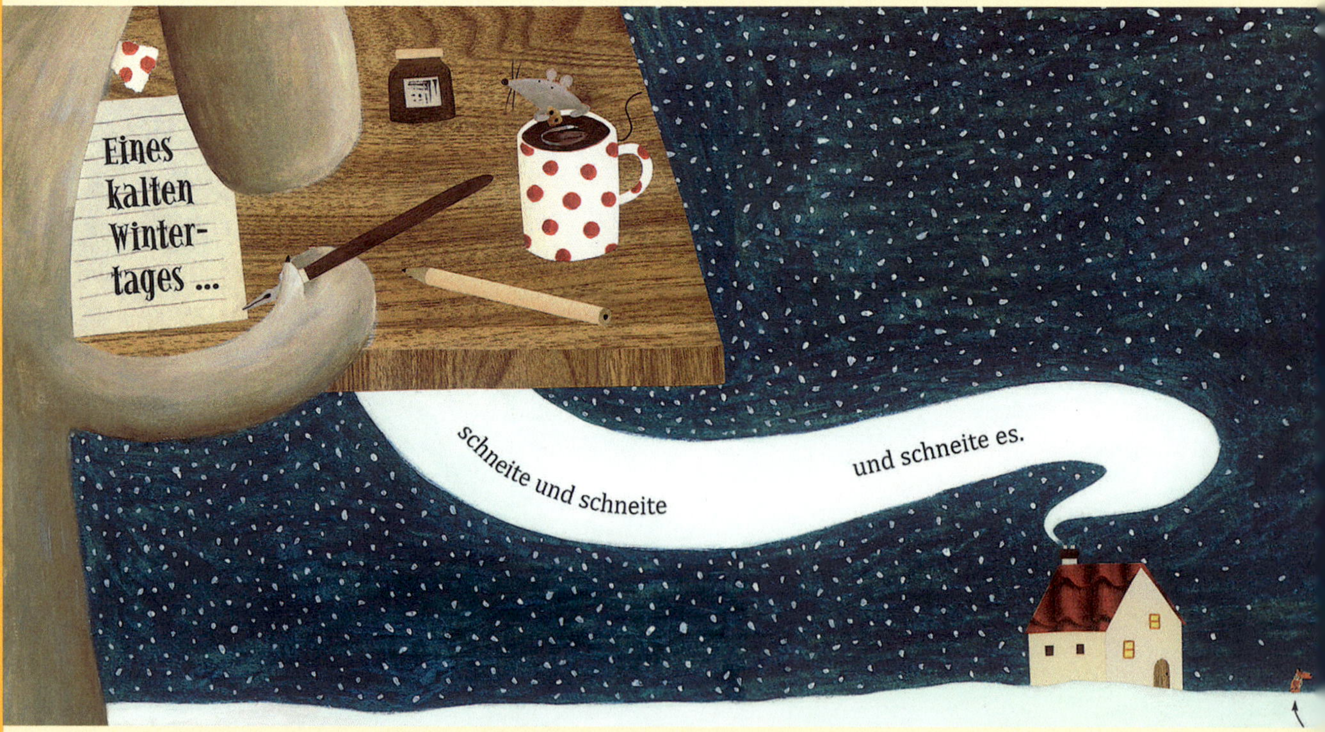

Eines
kalten
Winter-
tages …

schneite und schneite   und schneite es.

10 Als es schließlich aufhörte zu schneien, verließ ein Herr mit Namen
Lieber-Wolf sein Haus, um spazieren zu gehen.
Da entdeckte er im seidig-weichen Schnee ein paar Fußspuren,
die in den Wald führten.
„Hmmm, von wem die wohl sind?", fragte er sich.
15 Er beschloss, den Spuren zu folgen, um herauszufinden, von wem
sie stammten. Vielleicht würde er ja einen Freund finden.
Nach einer Weile traf er ein Eichhörnchen, das auf einem Baum saß.
„Entschuldigung, mein Herr", begann er höflich. „Sind das vielleicht
Ihre Fußspuren?"
20 „Nein", antwortete das Eichhörnchen. „Warum willst du das
wissen?"
„Ich möchte es wissen, damit ich einen neuen Freund finden kann",
erklärte Herr Lieber-Wolf.
„Das glaube ich dir nicht, Wolf", antwortete das Eichhörnchen.
25 „Du willst es wissen, damit du das arme Geschöpf finden
und auffressen kannst!" Und schon flitzte es davon.
Als Nächstes traf Herr Lieber-Wolf Frau Langohr …
Und schon hüpfte sie zurück in ihren Bau.
Er ging weiter und kam an einen See mitten im Wald …
30 Und schon hüpfte der Frosch in den See und schwamm davon.
Auf der anderen Seite des Sees sah Herr Wolf eine große braune
Ente.
„Haaalllooo!", rief er.
„Ja", antwortete die Ente und schwamm zu ihm herüber …

Text und Bilder: Mei Matsuoka

Wie war es, als der Wolf
Frau Langohr und den
Frosch traf?
Wie kann die Geschichte
weitergehen?

Der Wolf

Wölfe leben in Rudeln von bis zu fünfzehn Tieren, von denen das stärkste männliche Tier, der Leitwolf, das Sagen hat. In einem Rudel haben nur er und die ranghöchste
5 Wölfin Nachkommen. Ungefähr fünf bis sechs Welpen bringt die Wölfin pro Wurf zur Welt.

Wölfe leben in einer familienähnlichen Gemeinschaft. Zu einem Wolfs-rudel gehören die beiden Elterntiere und ihre Jungen, manchmal auch
10 andere verwandte Wölfe. Die älteren und jüngeren Wolfsgeschwister leben ungefähr zwei Jahre in der Familie, bevor sie eigene Rudel gründen.

Der Wolf ist ein Raubtier, das sich hauptsächlich von im Wald lebenden Huftieren ernährt. Aber auch Nutztiere können ihm zum Opfer fallen,
15 wenn etwa Schafe oder Ziegen ungeschützt auf Weiden stehen.

Menschen brauchen sich nicht vor den Wölfen zu fürchten. Der Wolf ist ein anpassungsfähiges Tier und richtet sich in seiner Umgebung ein, aber er ist scheu und meidet die Begegnung mit Menschen.

Zu Angriffen von Wölfen auf Menschen kommt es nur dann, wenn sich
20 der Wolf vom Menschen bedroht fühlt. Allerdings sollte man immer Abstand zu Wölfen wahren, der Wolf ist ein Wildtier und kein freundlicher Hausgenosse wie sein Verwandter, der Hund.

Das frisst der Wolf

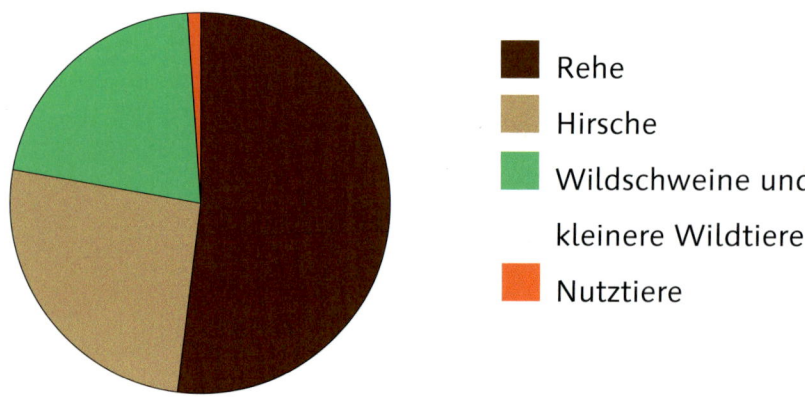

Rehe

Hirsche

Wildschweine und kleinere Wildtiere

Nutztiere

Ein Ureinwohner Bayerns

Vor fast 150 Jahren wurde der letzte bayerische Wolf bei einer Jagd erlegt, und lange Zeit galten die Wölfe in ganz Deutschland als ausgerottet.

Die Ausbreitung des Menschen in vormals nicht besiedelte Waldflächen engte den Lebensraum des Wolfes ein. Das enge Zusammenleben hatte Folgen: Der Wolf riss Schafe und andere Nutztiere und wurde so zum gefürchteten und gehassten Feind des Menschen.

Erst seit ungefähr vierzig Jahren hat sich das geändert. Als Ureinwohner unserer heimischen Wälder bekam der Wolf ein Recht auf Leben und Schutz – auch bei uns.

Mitte der neunziger Jahre siedelten sich wieder die ersten Wölfe im Osten Deutschlands an.

In Bayern wurden bisher nur einzelne Wölfe entdeckt. Am Starnberger See, bei Bayerischzell und im Fichtelgebirge fand man Spuren der scheuen Tiere.

Noch ist es für uns Menschen nicht einfach, uns an die Rückkehr dieser Wildtiere zu gewöhnen: Im Frühjahr 2002 wurden in Bayern zwei Wölfe erlegt, die aus einem Gehege im Nationalpark Bayerischer Wald ausgebrochen waren. Zwei Jahre darauf wurde im Landkreis Passau ein Wolf abgeschossen, der aus einem Tierpark im Bayerischen Wald geflohen war und einige Hühner erbeutet hatte.

Mittlerweile gibt es einen offiziellen Plan für den Umgang mit wilden Wölfen, der hoffentlich mithilft, dass der Wolf nicht mehr als „Problemwolf" betrachtet wird.

Vorkommen von Wölfen in Deutschland

- ● Rudel: 25
- ● Paare: 7
- ● Einzelwölfe: 13

Ein Rudel besteht aus zwei erwachsenen Tieren und meist zwei bis zehn Jungtieren.

Steckbrief: Dachs (lateinisch: Meles meles)

Art: Raubtier, gehört zur Familie der Marder

Verbreitung: ganz Europa, Teile Asiens

Lebensraum: an Waldrändern, Feldern, Hecken

Lebensweise: dämmerungs- und nachtaktiv, legt unterirdische Baue an

Größe: ca. 1 Meter Körperlänge

Gewicht: 7–13 kg im Frühjahr, 15–25 kg im Herbst (Winterspeck)

Lebens-erwartung: ca. 15 Jahre

Ernährung: Allesfresser: Würmer, Käfer, Frösche, junge Kaninchen, Obst, Nüsse

Feinde: Wolf, Luchs, Braunbär, Mensch

> Finde Besonderheiten von anderen einheimischen Wildtieren heraus. Wo informierst du dich? Tausche dich mit anderen Kindern darüber aus.

Hast du das schon gewusst?

- Ein Dachspaar bleibt sein Leben lang zusammen.
- Dachse quieken, wenn sie sich bedroht fühlen. Sie können auch brummen, winseln, fauchen oder seufzen.
- Bis 1994 war der Dachs vom Aussterben bedroht.
- 2010 war der Dachs das „Tier des Jahres".
- Der Dachs wird in der Fabel auch „Meister Grimbart" genannt.

> Weißt du wie Wolf und Fuchs in der Fabel heißen?

Frosch-Lollies

Säugetiere und Vögel sind Warmblüter, das heißt, sie verbrennen Nahrung, um warm zu bleiben. Aber andere Tiere – wie Reptilien und Amphibien – sind Kaltblüter und können sich auf diese Weise nicht warm halten. Sie können Temperaturen unter dem Gefrierpunkt nur überleben, indem sie sich irgendwo verstecken, wo es warm ist, oder indem sie sich im Winter in einen Eiszapfen verwandeln!

Auf dem Waldboden, in der eiskalten Blätterstreu, kannst du gefrorene Waldfrösche finden, zerbrechlich wie Glas. Diese „Eisfroschzapfen" sehen nur tot aus. Im Frühling tauen sie wieder auf und hüpfen davon.

Normalerweise ist es sehr, sehr schlecht für Lebewesen einzufrieren, weil ihre Körper zum größten Teil aus Wasser bestehen. Wenn Wasser zu Eis gefriert – bei ein wenig unter 0 °C –, dehnt es sich aus. Das ist der Grund, warum Wasserleitungen in Häusern manchmal bei frostigen Temperaturen platzen. Wenn Körper gefrieren, bringt das Eis die Blutgefäße zum Platzen und Organe wie Herz und Lunge werden zerstört, weil das Eis ihre Zellen aufbricht. (Zellen sind die winzig kleinen Bausteine, aus denen alle Körper gemacht sind.)

Aber wie überleben dann „Eisfroschzapfen"? Sie lassen das Eis zwischen all den wichtigen Teilen ihres Körpers wachsen, außerhalb von den winzigen Zellen, wo es nicht so viel Schaden anrichten kann.

Nicola Davies

Nur in Nordamerika, wo es kälter ist, frieren Frösche ein. Deutsche Frösche fallen nur in eine Winterstarre.

Die Goldfrösche aus Schweinfurt

Am Peterstirnberg erlebte ein Weinbauer aus Schweinfurt
etwas sehr Seltsames. Zusammen mit seiner Frau arbeitete er
im Weinberg.

Seine Frau arbeitete sehr fleißig und merkte dabei gar nicht,

5 dass sie plötzlich mit jedem Schlag in die Erde einen Frosch
heraushackte. Erst nachdem sie mehrere Frösche herausgegraben
hatte, fiel es ihr auf. Darauf sagte sie zu ihrem Mann:
„Pfui! Schau mal, die garstigen Frösche!"
Von nun an kamen keine Frösche mehr. Ihr Mann kam näher,

10 bückte sich nach den Fröschen, sah sie aber nicht.
Stattdessen blinkten dort, wo vorher die Frösche zu sehen waren,
ebenso viele Goldstücke in der Erde. Der Mann steckte
die Goldstücke ein. Mit seiner Frau aber schimpfte er,
dass sie nicht weitergearbeitet habe.

15 Der Weinbauer arbeitete den ganzen Tag mit seiner Frau
fleißig weiter. Aber sie fanden keine Goldfrösche mehr.

Fränkische Volkssage

Der Kabeljau

Das Meer ist weit, das Meer ist blau,
im Wasser schwimmt ein Kabeljau.

Da kömmt ein Hai von ungefähr,
ich glaub' von links, ich weiß nicht mehr,

verschluckt den Fisch mit Haut und Haar,
das ist zwar traurig, aber wahr. –

Das Meer ist weit, das Meer ist blau,
im Wasser schwimmt kein Kabeljau.

Heinz Erhardt

Verschaffe dir vor dem Lesen
einen Überblick über die Texte.
Lies die Textanfänge.
Was kannst du über die Texte sagen?

Die kleinen und die großen Fische

„Wir sind die Schrecken der Tiefe", prahlten die großen Fische.
„Alle leben in Furcht vor uns; wir aber fürchten nichts.
Ihr kleinen Fische seid nichts wert. Ihr könnt nicht kämpfen
und seid leicht zu fangen."
5 In diesem Augenblick ließen die Fischer ein neues Netz herunter,
und die großen Fische wurden schnell gefangen, hinaufgezogen
und ins Schiff befördert.
Die kleinen Fische konnten durch die weiten Maschen
des Netzes entkommen.

Äsop, nacherzählt von Rudolf Hagelstange

Tiere verraten uns, wie sauber das Wasser ist

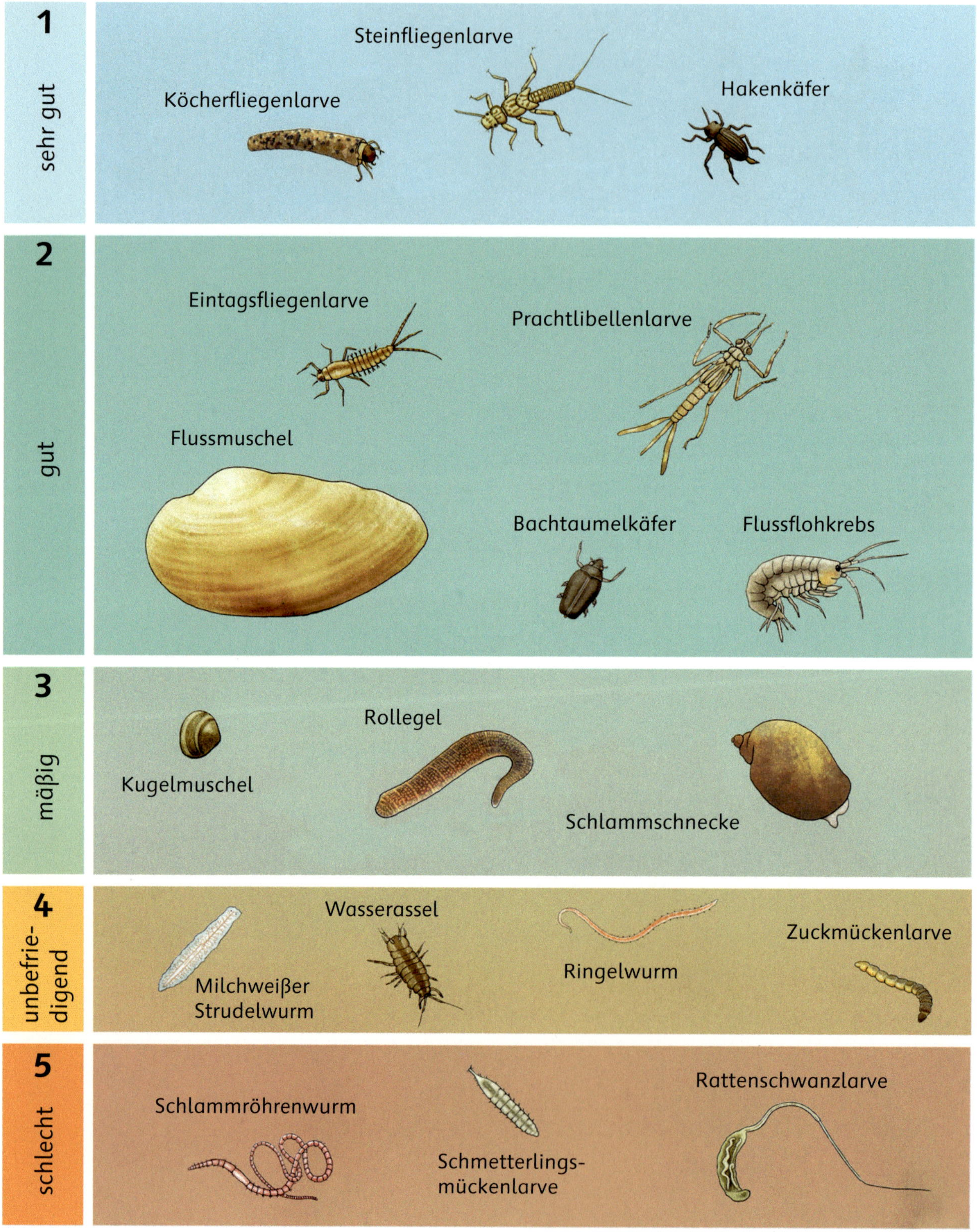

1 — sehr gut

Steinfliegenlarve

Köcherfliegenlarve

Hakenkäfer

2 — gut

Eintagsfliegenlarve

Prachtlibellenlarve

Flussmuschel

Bachtaumelkäfer

Flussflohkrebs

3 — mäßig

Rollegel

Kugelmuschel

Schlammschnecke

4 — unbefriedigend

Wasserassel

Zuckmückenlarve

Ringelwurm

Milchweißer Strudelwurm

5 — schlecht

Rattenschwanzlarve

Schlammröhrenwurm

Schmetterlings-mückenlarve

Warum gehen Wasserläufer nicht unter?

Wasserläufer können auf der Wasseroberfläche laufen, ohne unterzugehen. Das liegt an der Oberflächenspannung des Wassers.
Sie bewirkt, dass das Wasser wie eine Haut ist, die das Insekt trägt.
Wenn du genau hinschaust, siehst du kleine Dellen dort, wo die Füße des Wasserläufers das Wasser berühren. Hier drückt das Gewicht des Insekts die gespannte Wasseroberfläche ein.

Versuch: Oberfächenspannung

Das brauchst du:

- ein Glas
- Wasser
- eine Pinzette
- eine Nadel

So gehst du vor:

1. Fülle das Glas randvoll mit Wasser.
2. Nimm die Nadel mit der Pinzette und lege sie langsam und sehr vorsichtig quer auf die Wasseroberfläche.

Was passiert?
Beobachte, schreibe auf und erkläre.

Wasserläufer sind Räuber. Sie jagen allen kleinen Insekten hinterher, die auf die Wasseroberfläche fallen. Sie packen das Insekt mit ihren kurzen Vorderbeinen. Dann saugen sie es mit dem Rüssel aus.

Erstelle einen Steckbrief über den Wasserläufer.

Frühling

Ronja Räubertochter – der Frühlingsschrei

Und dann brach der Frühling wie ein Jubelschrei über die Wälder
um die Mattisburg herein. Der Schnee schmolz. In Strömen
rann er von allen Bergwänden herab und suchte sich den Weg
zum Fluss. Und der Fluss brauste und schäumte mit allen
5 seinen Strudeln und Wirbeln und sang ein wildes Frühlingslied,
das nie verstummte.

Der lange, schreckliche Winter war vorüber. Und endlich
konnte auch Ronja wieder in ihren Wald, nach dem sie sich
so sehr gesehnt hatte.

10 Sie sang und pfiff, als sie durch das kalte Wasser des Bachs watete.
Und dann lief sie, lief und lief bis zum Weiher. Und dort war Birk.
Er lag ausgestreckt auf einer Felsplatte in der Sonne.
Ronja wusste nicht, ob er schlief oder wach war,
sie nahm einen Stein und warf ihn
15 ins Wasser, um festzustellen, ob er
das Plumpsen hörte. Er hörte es, und
er sprang auf und kam ihr entgegen.
„Ich warte schon lange", sagte er,
und wieder spürte sie, wie die Freude
20 in ihr aufflammte, die Freude darüber,
dass sie einen Bruder hatte, der sie erwartete.

Und hier war sie nun und hatte sich kopfüber
in den Frühling gestürzt. So herrlich war er um sie herum,
ja, auch sie selber war ganz erfüllt von seiner Herrlichkeit,
25 und sie schrie wie ein Vogel, laut und gellend, bis sie es Birk
erklären musste.

„Ich muss einen Frühlingsschrei schreien, sonst zerspringe ich.
Hör doch! Du hörst doch wohl den Frühling!"

Eine Weile standen sie schweigend da und lauschten
30 dem Zwitschern und Rauschen, dem Brausen und Singen
und Plätschern in ihrem Wald. Alle Bäume und
alle Wasser und alle grünen Büsche waren voller Leben,
von überall her erscholl das starke, wilde Lied des Frühlings.

Text: Astrid Lindgren
Bilder: Ilon Wikland

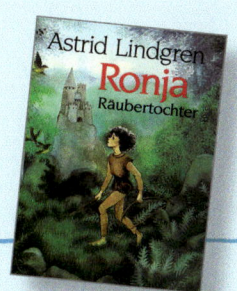

Film und Buch unterscheiden sich,
aber sie haben auch Gemeinsamkeiten.
Beschreibe sie.

Erstes Rätsel

Vier Freunde bestimmen den Lauf der Welt.
Man kann sie nicht kaufen. Sie nehmen kein Geld.
Die Freunde verstehn sich (man kann's kaum verstehn),
obwohl sich die vier noch niemals gesehn.
5 Nie findest du zwei am selben Ort.
Wenn der eine naht, geht der andere fort.

Den ersten beschreibe ich, rate ihn frei,
dann legt dir ein Hase ein buntes Ei.

Er ist grün hinter den Ohren und grün auf dem Bauch.
10 Er atmet dich an mit wärmendem Hauch.
Er lockert die Erde mit zärtlicher Hand,
weckt Igel und Bären, lockt Vögel ins Land.
Er ist heiter und meistens weich und mild,
doch manchmal auch närrisch, verspielt und wild.

Karlhans Frank

Schneefall im Frühling
von den Baumästen sinken
weiße Kirschblüten

Elisabeth Zartl

Er ist's

Frühling lässt sein blaues Band
wieder flattern durch die Lüfte.
Süße, wohlbekannte Düfte
streifen ahnungsvoll das Land.
Veilchen träumen schon,
wollen balde kommen.
Horch! Von fern ein leiser Harfenton!
Frühling, ja du bist's!
Dich hab ich vernommen.

Eduard Mörike

Großstadtfrühling

Der Frühling mit seiner Palette
ist durch die Straßen gestürzt.
Er hat ihre steinerne Glätte
mit Gelb und mit Grün gewürzt.

Georg Maurer

Lerne ein Gedicht auswendig
und trage es vor.

Frühling

Mit dem Akazienduft
fliegt der Frühling
in dein Erstaunen

Die Zeit sagt
5 ich bin tausendgrün
und blühe
in vielen Farben

Lachend ruft die Sonne
ich schenke euch wieder
10 Wärme und Glanz

Ich bin der Atem der Erde
flüstert die Luft

Der Flieder
duftet
15 uns jung

Rose Ausländer

Als der Osterhase abgeschafft werden sollte

König Grips war ein sehr kluger König. Er hatte in sieben Ländern studiert und wollte, dass alle Leute in seinem Land nur Dinge taten, die klug und
5 vernünftig waren.
König Grips hatte einen kleinen Sohn. Der hieß Prinz Fips.
Eines Sonntags um sechs hopste Prinz Fips auf dem Bett herum und fragte
10 ungeduldig:
„Wann kommt denn jetzt endlich der Osterhase? Wann, wann, wann?"
„Osterhase? So ein Quatsch!", sagte der König und runzelte missbilligend die
15 buschigen Augenbrauen. „Ein Hase, der Eier legt! Solche Geschichten haben sich unsere Großeltern erzählt. Die wussten es noch nicht besser. Aber jetzt sind moderne Zeiten! Ich werde befehlen,
20 dass dieses unmögliche Tier sofort aus der Welt geschafft wird!"

Bereits am Sonntagnachmittag ließ der König folgendes Gesetz verkünden:

Der Osterhase wird abgeschafft!
Das Erzählen von Ostergeschichten
und das Verstecken von Ostereiern
ist verboten.
Wer es tut oder duldet,
wird mit Gefängnis bestraft.

Das gab einen Aufruhr im ganzen Land!
25 Nicht nur bei den Zuckerbäckern und Ostereierfabrikanten. Nein, vor allem bei den Kindern!
Sie liefen in Scharen zum königlichen Palast und riefen: „Wir wollen unsern
30 Osterhasen wiederhaben!"
Und dann schrien alle im Chor:
„O-ster-ha-se! O-ster-ha-se!"

Das hatte der König nicht vorher-
gesehen. Schließlich konnte er doch
35 nicht alle Kinder ins Gefängnis stecken!
Und es kamen immer mehr Kinder.
Der König schwitzte vor Aufregung,
weil er nicht wusste, was er machen
sollte. Prinz Fips hielt seinen Stoffhasen
40 unterm Arm und schluchzte:
„Das Kindermädchen sagt, ich muss
ihn hergeben!"
Der König rannte ratlos im Thronsaal
hin und her und raufte sich die Haare.
45 „Mein Hasi!", jammerte Prinz Fips und
heulte zum Steinerweichen.
„Gesetz ist Gesetz!", knurrte der König
aufgebracht. Dann ließ er seinen
obersten Minister kommen.
50 „Was soll ich denn nun tun? Ein Hase,
der Eier legt? Ich kann doch nicht
erlauben, dass mein Volk so einen
Blödsinn glaubt! Das widerspricht der
modernen Wissenschaft!", stöhnte der
55 König.
„Dann müssten Sie Frau Holle, Rumpel-
stilzchen und den Weihnachtsmann
ebenfalls verbieten", entgegnete der
kluge Minister.

60 „Da haben Sie allerdings recht!", sagte
König Grips. „Aber was mach ich nun?"
„O-ster-ha-se! O-ster-ha-se!", riefen die
Kinder auf der Straße immer wieder.

Der König stand grübelnd am Fenster.
65 „So helfen Sie mir doch!", flehte er
seinen Minister an.
Der Minister räusperte sich und sagte:
„Weshalb, Majestät, verbieten Sie
eigentlich etwas, was es gar nicht gibt?"
70 „Da haben Sie völlig recht!", sagte König
Grips erleichtert. „Etwas zu verbieten,
was es nicht gibt! Das widerspricht der
modernen Wissenschaft. Das Oster-
hasengesetz ist unnötig, ich werde es
75 sofort widerrufen!"

Seitdem dürfen die Kinder im ganzen
Land wieder Osterhasengeschichten
hören, Ostereier suchen und sich am
Osterhasen freuen. Denn schließlich
80 gibt es den Osterhasen ja gar nicht.
Oder?

Ursel Scheffler

Schülerzeitung-Spezial

„Fahrrad-Frühling"

Radfahrprüfung in den 4. Klassen

Unsere Reporter haben nachgefragt.
Herzlichen Glückwunsch! Fühlt ihr
euch jetzt sicherer im Straßenverkehr?
Carolin: Ja, richtig sicher! Vorher
war es kompliziert mit den vielen
Verkehrsschildern.
Irem: Die Polizisten haben uns
alles richtig gut erklärt.

Was war schwerer, die vielen
Verkehrsregeln zu lernen oder
die praktische Fahrprüfung?
Wibke: Ich war bei der praktischen
Prüfung erst sehr aufgeregt, aber
dann war es doch ganz leicht.
Ich kannte ja die Strecke, weil wir
sie geübt hatten.
Lukas: Die Verkehrsregeln zu lernen
war schwer, weil ich mir die Schilder
schlecht merken konnte.

Was hat euch am Radfahrtraining
besonders gefallen?
Marcel: Mir hat das Arbeitsheft
zum Radfahrtraining gut gefallen.
Da waren viele Bilder und genaue
Erklärungen drin.
Carolin: Das Üben auf der Straße
hat mir besonders gefallen.

Für Radfahrer ist in unserer Stadt
schon viel getan worden. Trotzdem:
Was sollte eurer Meinung nach
verbessert werden?
Wibke: Für mich sind die Radwege
am wichtigsten. Ich bin nicht ganz so
sicher, wenn ich auf den großen
Straßen fahre.
Lukas: An manchen Straßen stehen
keine Ampeln und man kommt so
schlecht drüber, gerade da, wo viele
Autos sind.

Ihr wisst ja: Bis zum Alter
von 10 Jahren dürft ihr
bei brenzligen
Situationen den
Gehweg benutzen.
Und jetzt viel Spaß
beim Radfahren!

Mei' Rad

Ich hab ä Fahrrad grichd,
ä rots Fahrrad
mit'm Rennlenker
und em Stopplicht.

5   Aba: Im Hof kann ich ned fahrn.
Weche der Wäsch von der Schesdak
und weil's so schebbad,
wenn ich übers Kanalgidda flitz.

Auf der Straß dörf ich a ned.
10 Weche der Audos
und weche dem Wachmo,
weil ich no ned zwölf Jahr old bin.

Auf 'm Gehweg drau ich mich ned.
Weche der Leud.
15 Die wern sonst grandich,
we ma üba die Zehe fährd.

Doch jedn Dog
nach der Hausaufgab,
wenn mir langweilich is,
20 sächt mei Mudder:
Na, geh schö Rad fahrn, Buh!

Dass ich ned lach!

nach Christine Nöstlinger
Text in unterfränkischer Mundart

Mei' Radl

I hab a Radl kriagt.
A rods Radl
mit am Rennlenka
und am Stoppliacht.

5   Bloß: Im Hof ko i net fahrn.
Wega da Wäsch vo da Schestak
und weis so schebert
wann i üban Gullydeckl fahr.

Auf d'Straß deaf i net.
10 Wega de Autos
und wegam Wachtmoasta
wei i no koane zwöife bin.

Am Trottoar trau i mi net.
Wega de Leit.
15 De wean so narrisch,
wann ma eana neifahrt.

Do jedn Dog,
nach da Hausaufgab,
wann mia fad is,
20 sagt d'Mama:
Geh weida, tua Radl fahrn, Bua!

Dass i net lach!

nach Christine Nöstlinger
Text in oberbayerischer Mundart

119

Freizeit

Das ist ein Buch!

Was hast du denn da?
Das ist ein Buch.

Und wie scrollst du vor und zurück?
Ich scrolle überhaupt nicht.
Ich schlage die Seiten um. Das ist ein Buch.

Kannst du damit bloggen?
Nein – das ist ein Buch.

Kannst du mit den Figuren kämpfen?
Nö. Das ist ein Buch.

Kannst du damit simsen?
Nein.
Twittern?
Nein.
WLAN?
Nein.

Kannst du das hier?
Nein … das ist ein Buch.

Schau mal her!

> **»Arrrrrrrr«,**
> knurrte Long John Silver, »wir
> verstehen uns also richtig?«
> Er zog sein funkelndes
> Entermesser aus der Scheide
> und lachte wie ein Verrückter:
>
> **»Ha! Ha! Ha!«**
> Jim war wie versteinert.
> Das war's also.
> Plötzlich sah er am Horizont
> ein Schiff auftauchen!
> Ein breites Grinsen zog
> über das Gesicht des jungen
> Burschen.

Was kann das Buch noch?

Braucht es ein Passwort?

Nein.

Braucht es einen Nickname?

Nein.

Das ist ein Buch!

Text und Bilder: Lane Smith

Die Bilder erzählen die Geschichte weiter.

Computer-Glossar

Blog: kurzes Wort für **We**b und **Log**buch.
Web ist der englische Begriff für Netz: gemeint ist hier
das Internet; ein Logbuch ist eine Art Tagebuch.
bloggen: im Internet ein Tagebuch schreiben

chatten heißt übersetzt so viel wie „plaudern" oder „quatschen".
Im Internet gibt es **virtuelle** Räume, die **Chatrooms**.
Dort könnt ihr miteinander **chatten**. Von eurem Computer
zu Hause schreibt ihr, was ihr einander mitteilen möchtet.

Meinen richtigen Namen sollen Fremde nicht wissen!

Nickname heißt übersetzt „Spitzname". Beim **Chatten**
im Internet solltest du dir einen **Nickname** geben
und nicht deinen richtigen Namen verwenden.

scrollen ist der englische Ausdruck für das Verschieben
von Texten oder Bildern auf dem Bildschirm, zum Beispiel
mit den Pfeiltasten oder mit dem Scrollrad der Maus.

simsen: eine SMS schreiben. SMS ist eine Abkürzung
aus dem Englischen und steht für:
S = **short** M = **message** S = **service**, das bedeutet soviel wie
„Kurzmitteilung".

surfen: kommt von **surf** für „Brandung" und meint das Gleiten
auf einer Wasserwelle. Wenn du im Internet surfst,
klickst du dich von Seite zu Seite.

twittern bedeutet „zwitschern". Wer **twittert**, veröffentlicht
kurze Nachrichten auf speziellen Internetseiten.

virtuell bedeutet, dass etwas nicht wirklich da ist,
zum Beispiel ist ein **Chatroom** kein echter Raum.

WLAN: Wireless Local Area Network heißt wörtlich
„drahtloses lokales Netzwerk". Statt mit einem Kabel werden
die Signale per Funk übertragen. In manchen Ländern sagt man
nicht **WLAN**, sondern **Wi-Fi**.

Das Spiel beginnt

Endlich war Ben zu Hause. Heute hat er das neue Computerspiel
von seinem besten Freund bekommen. Ben hat es gegen
das neue Sporttrikot, das er von seiner Oma geschenkt bekommen
hatte, eingetauscht.

5 Er rannte in sein Zimmer, schmiss die Schultasche in die Ecke
und nahm die CD-ROM aus der Hülle. Seine Hände zitterten,
teils vor Aufregung, teils, weil er den ganzen Weg gerannt war.
Dann schaltete er den Computer ein. Der Bildschirm flackerte.
Ein kurzes Piepsen. Ben begann das Spiel zu installieren.

10 Schließlich meldete der Bildschirm:

DIE STADT DER KINDER
Das Superabenteuerspiel der Computergames GmbH

„Mach schon!", brüllte Ben den Computer an. Endlich zeigte
der Bildschirm eine Einkaufsstraße. In der unteren linken Ecke
15 stand die Figur, die Ben mit dem Joystick bewegen konnte.
Er probierte die Bewegungsabläufe aus: links, rechts, nach vorn,
nach hinten. Gut, es konnte losgehen. Also Joystick nach vorn.
Achtung vor den Autos. Die werden nämlich von Kindern gefahren,
die keinen Führerschein haben. Deshalb waren sie unberechenbar.

20 Plötzlich fiel ein Blumentopf aus dem zweiten Haus. Dicht neben
der Figur prallte er auf die Straße und zersprang in tausend
kleine Lichtpunkte, die sich auf dem Bildschirm in alle Richtungen
verflüchtigten.

Das war knapp. Er musste vorsichtiger sein, denn bis zur vierten
25 Spielebene war es noch ein langer Weg. Und dummerweise
ließen sich die ersten, leichteren Spiellevels nicht überspringen.
Nach jedem groben Fehler fing das Spiel von vorne an.

Entschlossen packte Ben den Joystick. Und schon … „rring-rring!",
klingelte es an der Haustür. Das waren Jennifer und Miriam,

30 die für die Mathearbeit üben wollten. Langsam ging Ben
einige Schritte auf die Zimmertür zu, ohne auch nur einen
Augenblick den Bildschirm aus den Augen zu lassen. Wer weiß,
welchen Schabernack der heimtückische Zauberer aus dem Spiel
mit seiner Figur treiben würde?

35 Dann rannte er los, riss die Haustür auf, hechelte ein kurzes „Hallo"
hinaus und stürzte schnurstracks wieder zurück in sein Zimmer
an den Computer.

„Verdammt!", schimpfte Ben. „Das gibt's doch gar nicht."

„Was ist denn los?", fragte Miriam, die sich darüber wunderte,

40 dass Ben wie wild auf die Tasten haute.

Ben war ganz rot im Gesicht. Abwechselnd sah er Miriam und
Jennifer mit verwirrtem Blick an. Schließlich stieß er einen tiefen
Seufzer aus und sagte niedergeschlagen: „Der Zauberer ist weg!"
Damit war das Spiel beendet. Sooft er den Computer neu startete,

45 wurden die Fehler im Spiel nur noch größer. Jetzt war nicht nur
der Zauberer verschwunden, sondern es fuhren auch keine Autos
mehr auf dem Bildschirm. Nur die kleine Figur hopste noch
durch die Computerwelt.

„Ich hol mir mein Trikot von Frank wieder", sagte er schließlich.

50 „Das Spiel ist total kaputt."

„Du und dein bescheuertes Computerspiel!", schimpfte Jennifer.
„Komm, Miriam, wir hauen ab. Mit dem ist heute sowieso nichts
mehr anzufangen."

Fast zwei Stunden saß Ben vor dem Bildschirm. Aber der Zauberer
55 blieb verschwunden, das Spiel stand still. Allmählich bekam Ben
Hunger. Komisch, dass seine Mutter noch nicht da war. Ben sah
aus dem Fenster. Aber auf der Straße tat sich nichts. Dass überhaupt
niemand auf der Straße war, kam Ben sehr merkwürdig vor.
Das gab es sonst nie! Irgendetwas musste los sein.
60 In Windeseile zog Ben sich Schuhe und Jacke an und stürmte
hinaus. Er rannte zu Jennifer und klingelte Sturm an der Haustür.
Aber auch Jennifer wartete seit über einer Stunde auf ihre Eltern.
Plötzlich machten sich völlig verrückte Gedanken in Bens Kopf
breit: Zum ersten Mal erscheint meine Mutter nicht zu Hause,
65 auf der Straße fährt kein einziges Auto, die Stadt ist wie leer gefegt,
in der Eisdiele ist niemand und Jennifers Eltern sind auch weg.
Das ist …
„… wie im Computerspiel", sagte Ben plötzlich laut.
Es war wie in seinem neuen Computerspiel. Auch dort verschwinden
70 von Bild zu Bild immer mehr Menschen aus der Stadt, und zwar nur
die Erwachsenen. Aufgabe des Spiels ist es, mit der Figur so viele
Kinder wie möglich zu versammeln und die Stadt zu retten.
So geht das Spiel. Aber das Spiel war kaputt. Und seitdem vermisste
er seine Mutter, wartete Jennifer auf ihre Eltern …
75 „Du meinst, dein Computerspiel ist Wirklichkeit geworden?",
fragte Jennifer mit zitternder Stimme.
„Genau das meine ich, auch wenn es verrückt klingt."

Andreas Schlüter

Sprecht in einer kleinen Gruppe darüber, was weiter passiert. Stellt eure Ideen der Klasse vor.

Heute gehen wir die Wände hoch

Einfach mal an die Decke gehen?
Die Wand hochklettern wie Spiderman?
Kein Problem für Ashima und Luisa. Die beiden gehen heute
in die Kletterhalle. Dort sind sie zu einem *Boulder*-Schnupperkurs
5 angemeldet. *Bouldern* ist noch einfacher als klettern. An farbigen Griffen
ziehen sich die Mädchen aus eigener Kraft hoch und klettern geschickt
am Kunstfelsen entlang. Ashima versucht, auch die roten Griffe zu
benutzen. Luisa hat sich für die leichtere Kletterstrecke entschieden. Es ist
ein superstarkes Gefühl, wenn man eine lange Grifffolge geschafft hat,
10 ohne den Boden zu berühren. Für das *Bouldern* ist keine Sicherung
am Seil notwendig. Und wenn Spider-Ashima doch mal abrutscht,
landet sie weich auf einer dicken Matte.

Das packen Ashima **und Luisa ein:**
bequeme Kleidung und Hallenturnschuhe,
Haargummi für Luisas lange Haare,
Einverständniserklärung der Eltern.

Boulder ist englisch
und heißt übersetzt
„Felsbrocken".
Gemeint sind hier Fels-
blöcke oder künstliche
Wände, an denen man
klettert und die nie höher
als ein paar Meter sind.

Weltreise durchs Zimmer

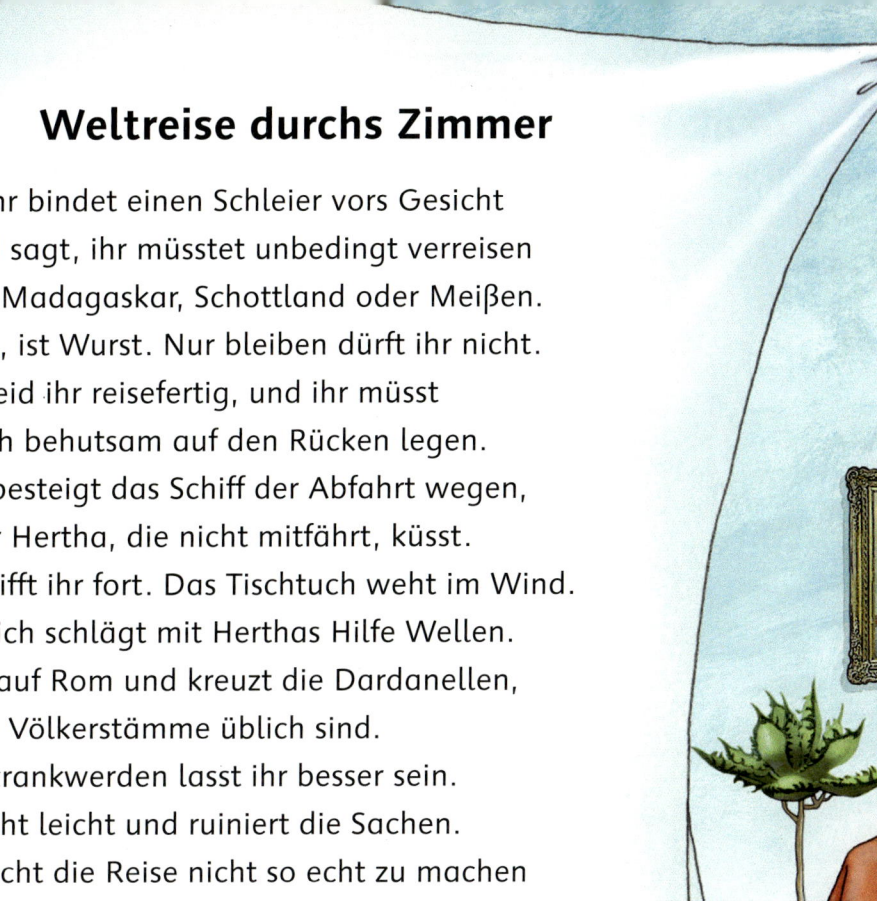

Ihr bindet einen Schleier vors Gesicht
und sagt, ihr müsstet unbedingt verreisen
nach Madagaskar, Schottland oder Meißen.
Wohin, ist Wurst. Nur bleiben dürft ihr nicht.

5 Dann seid ihr reisefertig, und ihr müsst
den Tisch behutsam auf den Rücken legen.
Und ihr besteigt das Schiff der Abfahrt wegen,
wobei ihr Hertha, die nicht mitfährt, küsst.
Dann schifft ihr fort. Das Tischtuch weht im Wind.

10 Der Teppich schlägt mit Herthas Hilfe Wellen.
Ihr stoßt auf Rom und kreuzt die Dardanellen,
wo wilde Völkerstämme üblich sind.
Das Seekrankwerden lasst ihr besser sein.
Es ist nicht leicht und ruiniert die Sachen.

15 Ihr braucht die Reise nicht so echt zu machen
und lauft dann schnell in Madagaskar ein.
Das Sofa stellt den Felsenrücken dar.
Dort könnt ihr (wenn die Eltern fort sind) stranden,
sonst ist es klüger, ungestört zu landen.

20 Am Ufer schreit ihr laut: Wie wunderbar!
Wenn ihr dann eine Zeitlang fröhlich wart,
vom Schrank herab auf Löwen zieltet
und Mutters Zopf für eine Schlange hieltet,
geht ihr zum Tisch, auf dem ihr heimwärts fahrt.

25 Zu Haus erzählt ihr, wie es euch gefiel:
Erzählt von Sonnenstich und Menschenfressern,
von Nasenringen, Gift und krummen Messern –
doch das ist eigentlich ein neues Spiel!

Erich Kästner

Welche Fantasiereisen hast du schon gemacht? An welchen Orten bist du schon gewesen?

Miau-TV macht Katzen schlau

Katzen in den USA, denen Plastikspielzeug und Wollknäuel zu langweilig werden, bekommen neue Unterhaltung. Freitagabend startet die erste TV-Show für Katzen.

„Miau-TV eignet sich auch für Leute, die von Katzen geduldet werden", sagt der Anbieter. Die erste Folge enthält Szenen mit Eichhörnchen und Fischen, Videos mit Katzen, die surfen, mit Stäbchen essen und Katzen-Yoga praktizieren.

Gesponsert wird die Show von einem Katzenfutter-Hersteller. Nach dessen Angaben leben in US-Haushalten 85 Millionen Katzen, von denen rund ein Drittel häufig vor dem Fernseher sitzt.

Gerda Anger-Schmidt

Werbespott

ALLES! Kaufen Sie ALLES!
ALLES – immer ein Gewinn!
ALLES! Ich hätt gern ALLES!
Für ALLES geb ich alles hin.
5 ALLES! Kaufen Sie ALLES!

Wer ALLES kauft, muss sich nicht sorgen,
Wer ALLES hat, muss sich nichts borgen,
Wer ALLES hat, der kann gut lachen:
Mit ALLES kann man alles machen!

10 ALLES! Kaufen Sie ALLES!
ALLES – immer ein Gewinn!

ALLES! Ich hätt gern ALLES!
Mit dem ich sehr zufrieden bin
Und das ich niemals tauschen würde!
15 ALLES! Ich bleib bei ALLES!

Michail Krausnick

Ein Fehler in der Überschrift?

Schreibt selbst einen Werbespot. Worauf müsst ihr achten? Nehmt ihn fürs Radio oder Fernsehen auf.

Cool Boy

Typisch Werbung? Beschreibt, warum.

Hast du nahe am Wasser gebaut?
Weinst du, wenn dich einer haut?
Sitzen dir locker die Tränen?

Das muss nicht mehr sein!

Och!

Der Tränentrockner Cool Boy ist endlich da.
Ins linke Nasenloch gesteckt, wirkt Cool Boy
durch den Wirkexponenten T-E-N und trocknet
die Tränendrüsen aus.

Cool Boy macht den Kerl aus dir,
der du schon immer sein wolltest.

Ach Opa!

Cool Boy,

und du weinst erst wieder beim
Schuleintritt deiner Enkel.

Christine Nöstlinger

Und wie ist der Cool-Teacher?

Wie wir leben

Brauchen wir einen Anführer?

Stell dir vor, du erleidest zusammen mit Freunden Schiffbruch und landest auf einer einsamen Insel. Wie wollt ihr dort in der Gruppe leben?

lies so → → → →

Auf einer einsamen Insel irgendwo in der Südsee …

Etwas später

Das könnte passieren:

Wir sollten das Essen rationieren. Nur für den Fall, dass wir länger hierbleiben müssen.

He! Ich brauche das, um eine Hütte zu bauen.

Sei doch kein Sp verderber! Feier lieber mit uns.

Einige der Schiffbrüchigen machen erst einmal Party …   *… und es beginnt ein Streit um die Ressourcen der In*

Etwas später

Nach einigen Tagen

Komm da runter! Niemand wird dir etwas tun.

Doch, wir schon. Er verdient es!

Ich habe mich um alles gekümmert.

Aber ich habe di Fische gefangen!

… und sich zu seinem Recht zu verhelfen.   *Nach ein paar heißen Tagen …*

Wenn ihr keine Regeln aufstellt und nicht entscheidet,
was wann getan werden muss, kann die Situation
ziemlich schnell ziemlich unangenehm werden.

→　　　　→　　　　→　　　　→　　　　→

Redaktion: Alexander Cox und andere / Gestaltung: Claire Patane und andere

Die Gemeinde

Finde die wichtigen
Wörter im Text.

Gemeinde bedeutet, dass eine Gemeinschaft
von Menschen an einem Ort lebt und eigene Rechte hat.
Die Wohngemeinde kann ein Dorf oder eine Großstadt sein.
In einer Gemeinde haben die Bürger das Recht, ihre Angelegenheiten
selbst zu regeln. Das geschieht durch Gesetze.
In der Gemeindeordnung steht,
• welche Rechte und Aufgaben die Gemeinden haben,
• welche Steuern und Abgaben die Gemeinde verlangen darf,
• wie viel Geld die Gemeinde ausgeben darf und vieles andere.

So wird der Gemeinderat gewählt:

Gemeinderat

kontrolliert →

Bürgermeisterin
oder
Bürgermeister
(leitet die Gemeinde)

wählen alle 6 Jahre

Bürgerinnen und Bürger
die über 18 Jahre alt sind, aus Deutschland oder
der Europäischen Union (EU) stammen und seit mindestens
3 Monaten in der Gemeinde wohnen.

(Größere Städte haben anstelle des Gemeinderats einen eigenen Stadtrat.)

In jeder Gemeinde gibt es Einrichtungen, die für das Leben dort wichtig sind:
Schulen, Schwimmbäder, Krankenhäuser, Sportstätten, Theater und auch
Kommunalbetriebe, die sich um Verkehrseinrichtungen, Gasversorgung,
Wasserversorgung, Elektrizitätsversorgung, Straßenreinigung und
Müllabfuhr kümmern.

Das Rathaus ist der Sitz des Bürgermeisters oder der Bürgermeisterin.
Je nach Größe der Gemeinde gibt es verschiedene Ämter:
die allgemeine Verwaltung, das Pass- und Meldewesen,
Standesamt (für Heiraten, Geburten und Sterbefälle), Kultur
und Sport, Bauverwaltung, Sozial- und Jugendamt und andere.

Erkläre jemandem,
was eine Gemeinde ist.
Nutze das Schaubild.

Was ist denn Demokratie?

Die Idee zur Demokratie ist schon 2500 Jahre alt. Sie stammt aus Griechenland – genau wie das Wort selbst. Übersetzt heißt es: „Herrschaft des Volkes". Die Idee:

5 Alle Menschen dürfen bei politischen Entscheidungen mitbestimmen.
Damals in Griechenland sah das so aus: Mehrere Tausend Bürger der Stadt Athen trafen sich auf einem Hügel zur Volks-
10 versammlung. Dort stimmten sie zum Beispiel über neue Gesetze ab und wählten Beamte. Jeder, der wollte, durfte etwas sagen und versuchen, andere von seiner Meinung zu überzeugen.

15 Heute sieht Demokratie anders aus. Die Menschen in Deutschland werden in der Regel nicht direkt zur Mitbestimmung aufgefordert. Sie wählen stattdessen Volksvertreter, die sich für ihre Interessen stark
20 machen. Die Volksvertreter diskutieren im Parlament und beschließen Gesetze. Dabei entscheidet die Mehrheit.
Wichtig: Die Wahl gilt nur für eine bestimmte Zeit. Dann kann das Volk neu entscheiden.
25 Neben Wahlen gehört aber noch mehr zur Demokratie. Etwa, dass alle Bürger die gleichen Rechte haben und ihre Meinung frei sagen dürfen.
Außerdem dürfen die Regierung, das
30 Parlament und die Behörden nicht einfach machen, was sie wollen. Auch der Staat muss sich ans Gesetz halten.

Kennst du Länder, die anders regiert werden? Verfolge die Kindernachrichten.

Witze

„In unserer Familie", sagt Leni zu ihrer Freundin, „darf man geteilter Meinung sein!"
„Deine Eltern sind aber ganz schön modern."
„Nein, eher im Gegenteil: Die Eltern haben ihre Meinung, und die sollen alle anderen gefälligst teilen ..."

Der Portier im Hotel sagt bedauernd zu einem Reisenden:
„Tut mir leid, wir haben kein Zimmer mehr frei."
„Aber hätten Sie denn noch eines frei, wenn die Bundeskanzlerin käme?"
„Natürlich, für die Bundeskanzlerin haben wir immer ein Zimmer frei."
„Gut, dann nehme ich das. Die Bundeskanzlerin kommt nämlich nicht ..."

Eine Touristin fragt Max:
„Wenn ich immer in diese Richtung gehe, steht dann dort das Rathaus?"
Max antwortet: „Des steht da aa, wanns'd ned da hi gehst."

Warum sind Witze lustig?

Der Kern

Ein langer Text! Besprich mit einem anderen Kind, welche Lese-Tipps ihr anwenden möchtet.

Auf einem kleinen Fleck der großen Erde, weit,
sehr weit von hier, lebten zwei Stämme: die Carabus und die Bicornis.
Die Grenze, die ihre Länder trennte, wurde von allen geachtet.
Bis zu dem Tag, an dem etwas Seltsames geschah …

5 Irgendwoher – vielleicht aus dem Schnabel eines Vogels – fiel plötzlich
ein eigenartiges Ding. Carabus und Bicornis bemerkten den Findling
sofort. Und sie wunderten sich, was er wohl zu bedeuten hatte.

Die Carabus fingen an, den Gegenstand zu studieren.
Sie schabten und kratzten Splitter von seiner Oberfläche
10 und brachten sie zu Forschern, die sie mit
modernsten Geräten untersuchten.

Die Bicornis
dagegen fertigten
exakte Notizen und Skizzen an,
15 die ihre Gelehrten mit allem
verglichen, was sie schon kannten.
Nach vielen Experimenten und
Überlegungen kamen beide Stämme
zum gleichen Schluss: Das unbekannte
20 Ding war mit hundertprozentiger Sicherheit ein Kirschkern.
Der Kern, der – einmal eingegraben – zu einem echten Kirschbaum
heranwachsen und viele leckere Kirschen mit vielen neuen Kernen
tragen würde. Daraus würden einst noch mehr Bäume
mit noch mehr Kirschen wachsen.
25 Beide Völker begannen von einer riesigen Kirschbaumplantage zu träumen …

Es gab nur ein Problem: der Kern war genau auf die Grenze gefallen.
Keine Seite konnte ihn ganz besitzen. Und keine war bereit,
auf ihren Teil zu verzichten. Die Lage spitzte sich zu.

Gleichzeitig versuchten Bicornis und Carabus in einer Geheimaktion,

30 den Kern auf die eigene Seite zu ziehen. Der Kern rührte sich nicht
vom Fleck.
Da versammelte der Anführer der Carabus sein Volk um sich und gab
mit lauter Stimme bekannt, die Bicornis hätten den halben Kern
stehlen wollen.

35 Das Oberhaupt der Bicornis behauptete dasselbe von den Carabus.
Dass sie selber auch versucht hatten, den Kern zu klauen, verschwiegen beide.
„Wir müssen kämpfen!", riefen die Anführer. „Kämpfen, um uns zu rächen.
Kämpfen, um diesen Kern für uns allein zu haben!"
Weder das Volk der Carabus noch die Bicornis waren begeistert von der Idee.

40 Doch schließlich gaben sie nach. Seinem Oberhaupt hat man zu gehorchen,
dachten sie. Von nun an waren beide Stämme Feinde.
Erfinderisch bereiteten sie sich auf den Angriff vor.
Sie formten Sprengkörper aus gekneteter Erde, bauten treffsichere
Wurfmaschinen, zogen Rüstungen aus Nussschalen und Ebenholz an

45 und schmiedeten unzerstörbare Rückenpanzer und Schilde.

Immer neue Kanonen und Gewehre, immer fantastischere Kriegsmaschinen
wurden entwickelt. Kluge Gelehrte heckten die verrücktesten Angriffspläne aus.
Sie maßen jeden Zentimeter ihres Landes aus und merkten sich jeden Stein
und jedes Grasbüschel, das in der Schlacht von Bedeutung sein könnte.

50 So vergingen die Jahre. Nach dem Kirschkern schaute keiner mehr.
Aber noch immer rüsteten sich Bicornis und Carabus für die entscheidende
Schlacht. Unermüdlich schaufelten sie Gräben und Tunnels und legten
unterirdische Gänge an, um unbemerkt ins feindliche Gebiet einzudringen.
Endlich waren beide Stämme kriegsbereit. Sie marschierten an der Grenze auf.

55 Als die Anführer gerade den Befehl zum Angriff geben wollten, merkten sie
plötzlich … dass sich der Kirschkern verwandelt hatte.
Er hatte sich selbst eingegraben, hatte Wurzeln geschlagen und war zu
einem blühenden Kirschbäumchen herangewachsen.
Sosehr Carabus und Bicornis auch überlegten: Sie fanden keinen Grund

60 mehr sich zu bekämpfen. Der Baum war auf der Grenze gewachsen,
und seine Äste ragten gleichmäßig ins eine wie ins andere Land.
Die Früchte dieses Baumes würden sich beide Stämme teilen können.
Man erzählt sogar, dass auf diesem kleinsten Fleck der großen Erde
Bicornis und Carabus zusammen so viele Kirschkerne gepflanzt haben,

65 dass schließlich eine riesige Kirschbaumallee die alte Grenze ersetzte.

Text und Bilder: Isabel Pin

Der Weltkindertag

Parade für Kinderrechte

Wusstet ihr, dass es einen Kindertag gibt? Die Vereinten Nationen, also die Gemeinschaft der Staaten der Welt, haben 1954 vorgeschlagen,

5 den Weltkindertag einzuführen. Jedes Land durfte sich das Datum selbst aussuchen. So kommt es, dass es weltweit viele Kindertage gibt. Und weil es damals noch zwei

10 deutsche Staaten gab, die Bundesrepublik und die DDR*, gibt es bis heute in Deutschland auch zwei Kindertage. Offiziell ist der deutsche Weltkindertag am 20. September.

15 Im Osten des Landes – und auch im Osten Berlins – wird er aber am 1. Juni gefeiert, denn dieses Datum hatte sich die DDR ausgesucht. Wie der Tag genau gefeiert wird,

20 kann jeder Staat selbst entscheiden. Die Grundidee ist aber überall gleich: An diesem Tag geht es um die Probleme und die Rechte der Kinder. Es ist also nicht nur

25 ein fröhlicher Tag. Selbst in Deutschland leben noch immer eine Million Kinder in Armut. Weltweit sind Millionen Kinder von Hunger bedroht. Und Millionen Kinder leben in Ländern,

30 in denen Krieg herrscht.

* **DDR** war die **D**eutsche **D**emokratische **R**epublik

Der Weltkindertag ist aber auch nicht nur ein trauriger Tag, denn schließlich erinnert er daran, dass jedes Kind Rechte hat. Die Vereinten Nationen

35 haben 1989 diese Rechte in einer Erklärung aufgeschrieben: Kinder haben Anspruch auf einen besonderen Schutz, auf Bildung und eine angemessene Versorgung.

40 Allen Kindern der Welt sollte es gut gehen – das war und ist das große Ziel. Damit das Wirklichkeit wird, muss sich natürlich noch viel ändern. Wichtig ist es aber, dass ihr über eure Rechte

45 Bescheid wisst. Bei allen politischen Entscheidungen sollten eure Interessen berücksichtigt werden. Dazu haben sich die Staaten der Welt verpflichtet. Das ist doch schon ein Grund

50 zum Feiern, oder?

Claudia von Salzen

Leben vom Müll

Am Stadtrand von Manila, auf den Philippinen, qualmt und stinkt die Müllkippe immerzu.
Rosa, Mary, José, Ronaldo sowie ganze
5 Heerscharen von Kindern wühlen hier tagtäglich von morgens bis abends auf den Müllhalden nach verwertbarem Abfall und nach Essensresten.
Sie arbeiten und leben auf dem Müllberg.
10 Jeder von ihnen versucht flink etwas zu bekommen. Papier, Pappe, Bleche, Flaschen, Plastikkanister, Drähte, Dosen und nicht zuletzt Essensreste sind „wertvolle Funde", die etwas Geld bringen. Alles, was die Kinder hier sammeln, kann wiederverwertet werden oder wird an bestimmten
15 Sammelstellen verkauft. Aus Autoreifen entstehen Sandalen, aus Blechdosen Öllampen für das Haus, Kehrbleche und Reiben für den Haushalt. Unermüdlich kratzen und scharren die Kinder in den Abfallbergen herum. Mit den bloßen Händen ist das Wühlen eine Qual. Der beißende Qualm schmerzt. Die Augen tränen. Und die Lunge kann man sich beinahe
20 aus dem Leib husten. Es juckt und kratzt am ganzen Körper. Viele der Mädchen und Jungen leiden an Hautausschlägen. Aber Geld für eine Heilsalbe haben sie nicht.

Was sie hier im Müll der Reichen zusammenkratzen und an die Händler
25 verkaufen, bringt ihnen einen Verdienst, der gerade für das Lebensnotwendige reicht, wenn überhaupt.

> Kannst du dir vorstellen, dass es auch in Deutschland Menschen gibt, die vom Müll leben?

Wie viel Müll produziert eine Familie?

Ganz ohne Abfall geht es sicher nicht, aber man kann mit Müll ganz unterschiedlich umgehen. Es kommt darauf an, wie viel Müll jeder Einzelne verursacht. Schauen wir uns zwei Familien in ihrem Alltag an:

Familie Schlaumeier vermeidet Müll, wo sie nur kann. Getränke werden nur in Mehrwegflaschen gekauft oder ganz ohne Flasche: zum Beispiel Tee.
Wenn sie zum Einkaufen geht, nimmt die Familie eine Tasche oder einen Korb mit. Waren, die keine Verpackung brauchen, zum Beispiel Zwiebeln oder Orangen, werden unverpackt hineingelegt. Überflüssige Verpackungen bleiben direkt im Laden. Für Waren, die verpackt werden müssen, kann man auch mitgebrachte Gefäße oder Tüten verwenden.
Die Familie kauft nichts Überflüssiges und nichts Unnötiges. Ist eine Haushaltsmaschine defekt, wird zuerst an Reparatur gedacht und nicht gleich alles einfach weggeworfen.

Der **Familie Ganzegal** ist der Müll ziemlich egal: Sie achtet überhaupt nicht darauf, wie viel Abfall sie produziert. Getränke werden in Einwegverpackungen gekauft und zuhause stehen überall Dosen und Plastikflaschen herum. Pfand? Ganz egal! Zum Einkaufen geht die Familie einfach so – ohne Tasche und ohne Tüte. Wozu gibt es diese schicken Plastiktüten in den Supermärkten? Zuhause wird alles ausgepackt und dann sofort hinein in den Müll mit der Plastiktüte!
Wenn etwas kaputtgeht, wird es sofort weggeworfen. Volle Mülltonnen stören nicht – in einer ist immer noch Platz. Restmüll in der Papiertonne oder im Biomüll? Das macht doch nichts!

Norbert Golluch

Mann und Frau im Essigkrug

Es waren einmal ein Mann und eine Frau, die hatten lange, lange miteinander in einem Essigkruge gewohnt. Am Ende sind sie's überdrüssig geworden, und der Mann
5 hat zu der Frau gesagt: „Du bist schuld daran, dass wir in dem sauern Essigkrug leben müssen, wären wir nur nicht da!" Die Frau hat aber gesagt: „Nein, du bist schuld daran."
10 Und da haben sie angefangen miteinander zu kippeln und zu zanken, und ist eins dem andern in dem Essigkrug nachgelaufen. Da ist gerade ein goldiges Vöglein an den Essigkrug gekommen, dies hat gesagt:
15 „Was habt ihr denn nur so miteinander?" „Ei", hat die Frau gesagt, wir sind's Essigkrügel überdrüssig und möchten auch einmal wohnen wie andere Leute, hernach wollen wir gern zufrieden sein." Da hat sie
20 das goldene Vöglein aus dem Essigkrug herausgelassen, hat sie an ein neues Häuschen geführt, wo hinten ein zierliches Gärtchen gewesen ist, und hat zu ihnen gesagt:
25 „Dies ist jetzt euer! Lebt jetzt einig und zufrieden untereinander, und wenn ihr mich braucht, so dürft ihr nur dreimal in die Hände klatschen und rufen:
,Goldvögelein im Sonnenstrahl!
30 Goldvögelein im Demantsaal! Goldvögelein überall!' So bin ich da."

Damit flog das Goldvögelein fort, und der Mann und die Frau waren froh, dass sie
35 nicht mehr in dem sauern Essigkrug wohnten, und freuten sich über ihr nettes Häuschen und grünes Gärtchen. Das dauerte aber nur eine Weile, denn wie sie nun ein paar Wochen in dem Häuschen
40 gewohnt hatten und in der Nachbarschaft herumgekommen waren, da hatten sie die großen stattlichen Bauernhöfe gesehen, mit großen Stallungen, Gärten, Äckern, vielem Gesinde und Vieh. Und da hat es
45 ihnen schon wieder nicht mehr gefallen in ihrem winzigen Häuschen und sind's ganz überdrüssig geworden, und an einem schönen Morgen haben sie alle zwei fast zu gleicher Zeit in die Hände geklatscht
50 und haben gerufen:

„Goldvögelein im Sonnenstrahl! Goldvögelein im Demantsaal! Goldvögelein überall!"
Witsch, da ist das goldige Vöglein zum
55 Fenster hereingeflogen gekommen und hat sie gefragt, was sie denn schon wieder wollten.
„Ach", haben sie gesagt, „das Häuslein ist doch gar zu klein, wenn wir nur auch so
60 einen großen prächtigen Bauernhof hätten, hernach wollten wir zufrieden sein."

Das goldige Vöglein blinzelte ein wenig mit seinen Guckäugelein, sagte aber nichts und führte den Mann und die Frau an einen

65 großen prächtigen Bauernhof, wo viele Äcker daran waren und Stallungen mit Vieh und Knechten und Mägden und hat ihnen alles geschenkt.

Der Mann und die Frau sprangen decken-
70 hoch und konnten sich vor Freuden gar nicht lassen. Und jetzt sind sie ein ganzes Jahr lang zufrieden und fröhlich gewesen, und haben sich gar nichts Besseres denken können. Aber länger hat's auch nicht
75 gedauert, keinen Tag, denn weil sie jetzt manchmal in die Stadt gefahren sind, haben sie die schönen großen Häuser und die schöngeputzten Herren und Madamen sehen spazieren gehn, da haben sie gedacht:
80 Ei, in der Stadt muss es aber herrlich sein, und da braucht man nicht viel zu tun und zu arbeiten; und die Frau hat sich gar nicht können satt sehen an dem Staat und dem Wohlleben und hat zu dem Mann gesagt:
85 „Wir wollen auch in die Stadt, ruf du das goldige Vöglein! Wir sind nun schon lange genug auf dem Bauernhof."

Der Mann hat aber gesagt: „Frau, ruf du es!" – Endlich hat die Frau dreimal in
90 die Hände geklatscht und hat gerufen:

„Goldvögelein im Sonnenstrahl! Goldvögelein im Demantsaal! Goldvögelein überall!"

Da ist das goldige Vöglein wieder zum
95 Fenster hereingeflogen und hat gesagt: „Was wollet ihr nur von mir?"

„Ach", hat die Frau gesagt, „wir sind das Bauernleben müde, wir möchten auch gern Stadtleute sein und schöne Kleider
100 haben und in so einem großen prächtigen Haus wohnen, hernach wollen wir zufrieden sein." Das goldne Vöglein hat wieder mit seinen Guckäugelein geblinzt, hat aber nichts gesagt und hat sie in das
105 schönste Haus in der Stadt geführt, da war alles besonders aufgeputzt, und waren Schränke darin und Kommoden, da hingen und lagen Kleider drinnen nach der neuesten Mode. Jetzt haben der Mann
110 und die Frau gemeint, es gibt auf der Welt nichts Besseres und Schöneres, und waren vor lauter Freude außer sich. Das hat aber leider wieder nicht lange gedauert, so hatten sie es wieder satt und sprachen
115 zueinander:

„Jetzt wollen wir noch König und Königin werden, hernach wollen wir aber einhalten." Und da haben sie wieder alle zwei miteinander in die Hände geklatscht
120 und haben gerufen, was sie nur rufen konnten:
„Goldvöglein im Sonnenstrahl!
Goldvöglein im Demantsaal!
Goldvöglein überall!"
125 Da ist das goldne Vöglein wieder zum Fenster hereingeflogen und hat gefragt: „Was wollt ihr nur von mir?" Da haben sie beide geantwortet: „Wir möchten gern König und Königin sein." Da hat aber
130 das Vöglein ganz schrecklich mit den Augen geblinzelt, hat alle Federchen gesträubt, hat mit den Flügeln geschlagen und hat gesagt: „Ihr wüsten Leute, wann werdet ihr denn einmal genug haben?
135 Ich will euch auch noch zum König und zur Königin machen, aber dabei wird's doch nicht bleiben sollen, denn ihr habt nimmermehr genug!"
Jetzt sind sie nun König und Königin
140 gewesen und haben übers ganze Land zu gebieten gehabt, haben sich einen großen Hofstaat gehalten, und ihre Minister und Hofleute haben müssen auf die Knie niederfallen, wenn sie eines von ihnen
145 ansichtig wurden. Auch haben sie nach und nach alle Beamten im ganzen Land vor sich kommen lassen und ihnen vom Thron herab ihre strengsten Befehle erteilt.
Und was es nur Teures und Prächtiges in
150 aller Herren Ländern gab, das musste herbeigeschafft werden, dass ein Glanz und ein Reichtum sie umgab, der unbeschreiblich ist. Und doch sind sie jetzt noch nicht zufrieden gewesen und sagten immer:

155 „Wir müssen noch etwas mehr werden!" Da sprach die Frau: „Werden wir Kaiser und Kaiserin."
„Nein!", sagte der Mann. „Wir wollen Papst werden!"
160 „Hoho! Das ist alles nicht genug!", schrie die Frau in ihrem Eifer. „Wir wollen lieber Herrgott sein!"

Kaum aber hatte sie dies Wort ausgeredet, so ist ein mächtiger Sturmwind gekommen,
165 und ein großer schwarzer Vogel mit funkelnden Augen, die wie Feuerräder rollten, ist zum Fenster hereingeflogen und hat gerufen, dass alles erzitterte: „Dass ihr versauern müsst im Essigkrug!"
170 Pautz, und da war alle Herrlichkeit zum Kuckuck, und da saßen sie alle beide, der Mann und die Frau, wieder in ihrem engen Essigkrug darin; da sitzen sie noch und können drinbleiben bis an den Jüngsten
175 Tag.
Das ist eine Lehre für solche, die nie genug bekommen können.

Ludwig Bechstein

Erzähle das Märchen.

Was ich brauche – Was ich mir wünsche

Ich brauche Essen, Klamotten, ein Dach überm Kopf,
Religion, Freunde, Liebe.
Ich wünsche mir viele 1er, Frieden, Gesundheit, Sicherheit.

Ich brauche einen Laptop, Schlaf, meine Mutter
und meine ganze Familie.
Ich wünsche mir, dass mich mein Vater einmal besucht.

Ich brauche Bücher, Fußball,
Freunde (gute), Familie, Spaß.
Ich wünsche mir das neueste Handy
(krieg ich aber nicht).

Ich brauche jemanden, der mich tröstet,
wenn ich traurig bin.
Ich wünsche mir, dass es allen Menschen gut geht.

Ich brauche mein Gehirn und meine Organe.
Ich wünsche mir, dass ich auf der neuen
Schule Freunde finde. Und ich wünsche mir,
dass ich fliegen kann.

**Ich brauche viele Freunde und ich brauche Kaugummi.
Ich wünsche mir einen coolen Sportwagen und mehr Ferien.**

Und du?
Was brauchst du?
Was wünschst du dir?

Diskutiert darüber und
erstellt eine Rangliste.

Sommer

Garmans Geheimnis

„Komm, Garman, ich zeige dir ein
Geheimnis", flüstert Johanne. Sie
schlüpfen zwischen wilden Himbeer-
sträuchern hindurch. Johanne drückt ein
5 paar Zweige zur Seite und zeigt auf etwas.
Auf dem Waldboden zwischen dem
Farnkraut liegen ein paar verbogene und
rußverschmierte Metallteile.
„Du bist der Einzige, dem ich das hier
10 gezeigt habe", sagt Johanne. „Ich glaube,
es war einmal eine Raumkapsel."
Johanne klopft vorsichtig an das
angesengte Metall. Garman spürt, wie es
auf der Haut kribbelt, von der Finger-
15 kuppe am kleinen Finger bis zur
Schürfwunde am Knie.

Sobald sie die Gelegenheit haben sich
davonzustehlen, treffen sich Garman
und Johanne im Wald. Dort versuchen
20 sie, die Raumkapsel zu reparieren.

Wenn es regnet, tropft es durch einen
Spalt in der Raumkapsel, und Garman
und Johanne rücken enger zusammen,
um nicht nass zu werden. Hier sitzen sie
25 manchmal lange, ohne ein Wort zu sagen,
oder sie geben sich gegenseitig Rätsel auf.

„Wenn du meinen Namen sagst,
bin ich verschwunden. Wer bin ich?",
fragt Garman. Johanne zieht die
30 Schultern hoch.
„Die Stille", sagt Garman.

Garman betrachtet Johanne. Ihre
Sommersprossen verschwinden fast,
wenn sich die Wangen rötlich färben.
35 Sie schreiben sich gegenseitig mit dem
Finger Buchstaben auf den Rücken.
ASTRONAUT, schreibt Garman und
Johanne rät richtig.
„Ich schlafe nur bei Licht", sagt Johanne.
40 „Das verrätst du doch niemandem?"
„Ich kann ein Geheimnis für mich
behalten", sagt Garman.

„Ich glaube, die Raumkapsel wurde
hierhergeschickt, damit wir zwei sie
45 finden", sagt Johanne.
„Ich hab nichts dagegen", antwortet
Garman.
„Glaubst du, man kann die Zeit
anhalten?", fragt Johanne.
50 „Man braucht bloß so zu machen",
sagt Garman und drückt ein paar Knöpfe
auf ihrem Rücken.

Text und Bilder: Stian Hole

Zweites Rätsel

Vier Freunde bestimmen den Lauf der Welt,
auch wenn das den Mächtigen wenig gefällt.
Die Freunde verstehn sich (man kann's kaum verstehn),
obwohl sich die vier noch niemals gesehn.
5 Nie findest du zwei am selben Ort.
Wenn der eine sich naht, geht der andere fort.

Vom Zweiten, dem mit der goldenen Mähne,
schreib ich dir. Er schenkt dir Löwenzähne.

Stark ist er, und zieht mit Macht
10 an den Köpfen der Blumen. Wie heiß er lacht!
Er liebt die Bienen und Hummeln und Wespen und Fliegen.
Er kann den Asphalt auf der Straße verbiegen.
Er wärmt dir das Wasser zum Baden und Schwimmen.
Eismännern leiht er süß lockende Stimmen.

Karlhans Frank

Welcher der vier ist
dein bester Freund?

Lerne eines der Sommer-
gedichte auswendig.
Begründe deine Wahl.

Nach dem Mittagsschlaf
auf den nackten Fußsohlen
die Sonne spüren

Elisabeth Zartl

S. 173 Textwerkstatt

Blauer Schmetterling

Flügelt ein kleiner blauer
Falter vom Wind geweht,
Ein perlmutterner Schauer,
Glitzert, flimmert, vergeht.

5 So mit Augenblicksblinken,
So im Vorübergehn
Sah ich das Glück mir winken,
Glitzern, flimmern, vergehn.

Hermann Hesse

Garten

Ich sitze im Gras und schweige.
Der Himmel ist blau wie das Meer.
Der Wind bewegt die Zweige,
sie schwingen leicht hin und her.

5 Ich bin nicht allein, denn ich sehe
den Wind, der im Kirschgeäst schaukelt,
den Schmetterling, der in der Nähe
ganz langsam vorübergaukelt.

Ich höre die Amseln und Stare.
10 Ich sehe die Käfer im Kraut.
Der Wind bewegt meine Haare,
die Sonne berührt meine Haut.

Georg Bydlinski

Das Wasser

Vom Himmel fällt der Regen
Und macht die Erde nass,
Die Steine auf den Wegen,
Die Blumen und das Gras.

5 Die Sonne macht die Runde
In altgewohntem Lauf
Und saugt mit ihrem Munde
Das Wasser wieder auf.

Das Wasser steigt zum Himmel
10 Und wallt dort hin und her.
Da gibt es ein Gewimmel
Von Wolken, grau und schwer.

Die Wolken werden nasser
Und brechen auseinand',
15 Und wieder fällt das Wasser
Als Regen auf das Land.

Der Regen fällt ins Freie
Und wieder saugt das Licht.
Die Wolke wächst aufs Neue,
20 Bis dass sie wieder bricht.

So geht des Wassers Weise:
Es fällt, es steigt, es sinkt
In ewig gleichem Kreise,
Und alles, alles trinkt.

James Krüss

Johannisfeuer

Auf den Bergen reiten Feuer,
Werfen sich wie Ungeheuer
In die Nachtluft, in den Raum;
Flammen stehen hell als Baum,
5 Rote Flügel sich entfachen,
Aus den Bergen fliegen Drachen,
Nichts hält mehr den Berg im Zaum.
Flammen sich wie Lieder wiegen, –
Sonne hat die Nacht erstiegen.

Max Dauthendey

Sonnwendfeier

Wenn die Sonne um den 21. Juni ihren nördlichsten Punkt erreicht hat, wird bei vielen Völkern ein Fest zur sommerlichen Sonnenwende gefeiert. In christlichen Ländern wird dies häufig mit dem Fest Johannes des Täufers zusammengelegt. In Bayern wird es auf ganz unterschiedliche Weise begangen. Ein großes Sonnwendfeuer darf aber nie fehlen.

Rosenheim/Brannenburg

Sonnwendfeier mit Musik am Breitenberg

Eine Sommer-Sonnwendfeier rund um die Breitenberghütte findet am 21. Juni ab 19 Uhr statt. Eine Band wird zum Tanzen aufspielen. Das Sonnwendfeuer wird bei Einbruch der Dunkelheit oberhalb der Hütte mit grandiosem Ausblick auf die gegenüberliegenden Rosenheimer Hausberge angezündet. Nach altem Brauchtum werden zum Johannisfest Berglieder angestimmt; dazu sollte das Liederbuch nicht vergessen werden. Bei Regen wird in der Hütte gefeiert.

Suche in der Zeitung nach einem Bericht über eine Sonnenwendfeier.

KRAIBURGER RITTERSONNWEND BEGEISTERTE DIE BESUCHER BIS IN DIE FRÜHEN MORGENSTUNDEN

Sie wurde ein Riesenspektakel, die Rittersonnwend auf dem Schlossberg. Unablässig strömten die Besucher auf den Berg. Eine Gruppe begeisterte nicht nur mit ihrer mittelalterlichen Musik, sondern ihre Mitglieder betätigten sich auch als ausgezeichnete Jongleure, Gaukler oder Feuerspucker. Eine besondere Attraktion waren die Ritter der Ritterschaft in ihren historischen Ausrüstungen. Lautstark wurden sie vom begeisterten Publikum angefeuert, wenn sie beim Schwertkampf ihre Kräfte maßen.

Die zahlreichen Kinder vergnügten sich beim Ringelstechen mit dem Holzpferd, lauschten aufmerksam der Märchenerzählerin oder versuchten ihr Glück beim Ringewerfen. Nach Einbruch der Dunkelheit wurde schließlich der riesige Holzstoß entzündet, und erst in den frühen Morgenstunden machten sich die letzten Festbesucher auf den Heimweg.

Die Mittagsfrau

Wenn im Sommer die Sonne hoch am Himmel steht
und ihre glutheißen Strahlen zur Erde schickt,
schreitet die Mittagsfrau über die Felder.
Schlag zwölf macht sie sich auf den Weg. Und wehe dem,
5 den sie auf dem Acker trifft. Er ist des Todes, wenn er nicht
ihre Rätsel löst oder ihr vom Flachs erzählen kann,
bis es vom Turme eins schlägt. Ja, die Mittagsfrau ist
ein böser Feldgeist.
Einmal überraschte sie eine arme Magd,
10 die in der Mittagspause ihr eigenes Stück Feld jätete.
„Erzähl vom Flachs", befahl das böse Weib.
Hanka, die Magd, war klug und wusste viel vom Flachs.
Sie stimmte einen langsamen, gedehnten Singsang an:
„Jaaa, mit dem Flachs ist das so: Er braucht sehr, sehr gute Pflege."
15 Die Mittagsfrau hörte von der Vorbereitung des Ackers,
der Aussaat, dem Jäten, Raufen, Bündeln, Riffeln, Dreschen,
Wässern, Trocknen, Dörren, Brechen, Hecheln.
Jetzt wollte Hanka vom Rockenbinden, Spinnen,
Weben und Bleichen reden. Da schlug die Glocke eins!
20 Die Mittagsfrau war besiegt! Mit einem gewaltigen
Donnerschlag verschwand sie und kein Mensch hat
sie seitdem wiedergesehen.

Sage, erzählt von Annemarie Britz

Wir wissen heute natürlich, dass Hitzschlag und Sonnenstich
in der Ernteglut so manches Opfer gefordert haben und
dass dies zur Entstehung dieser Sagengestalt beigetragen hat.

Die Lerche im Kornfeld

In einem großen Kornfeld hatte
eine Lerche ihr Nest gebaut. Als
das Korn höher und höher wuchs
und eines Tages die Ähren gelb und
5 dick wurden, begann sich die Lerche
um ihre Jungen zu sorgen.
„Wir werden von hier fortziehen
müssen", dachte sie, „bevor
die Schnitter kommen, mein Nest
10 zerstören und meine Jungen töten."
Jeden Morgen, wenn die Lerche
auf der Suche nach Futter ihr Nest
verlassen musste, befahl sie daher
ihren Jungen, genau aufzupassen.
15 Eines Tages kam der Bauer und sagte:
„Es ist Zeit, dass wir mit der Ernte
beginnen. Ich will zu meinen Nachbarn
gehen und sie bitten, mir zu helfen."
Die kleinen Vögel im Nest erschraken,
20 und als ihre Mutter heimkam,
zwitscherten sie aufgeregt und erzählten
ihr, was der Bauer gesagt hatte.
Aber die Lerche beruhigte ihre Kinder.
„Noch brauchen wir keine Angst zu
25 haben", sagte sie, „wenn er auf seine
Nachbarn wartet, wird es lange dauern,
bis dieses Korn geschnitten wird."

Am nächsten Tag kam der Bauer wieder
und sagte:
30 „Das Korn ist schon reif, wir müssen
es in die Scheune bringen. Sohn,
geh sofort zu allen Verwandten und
bitte sie, uns bei der Ernte zu helfen."
„Aber jetzt müssen wir bestimmt
35 fortziehen", zwitscherten die Jungen
wieder aufgeregt.
„Keineswegs!", antwortete die Lerche.
„Seine Verwandten müssen auf ihren
eigenen Feldern arbeiten. Noch können
40 wir bleiben."
Am dritten Tag kam der Bauer wieder
und sah, wie sich die Halme unter der
Last der Ähren beugten.
„Wir dürfen nicht länger warten, Sohn",
45 rief er. „Morgen wollen wir beginnen."
„Nun müssen wir gehen", rief die
Lerche, als die Kinder erzählten,
was sie gehört hatten.
„Wenn ein Mensch seine Arbeit
50 in die eigenen Hände nimmt,
statt sich auf andere zu verlassen,
so besteht die Möglichkeit, dass
die Arbeit getan wird."

Christian Fürchtegott Gellert

Der kleine Kröterich

Es spielen mit: Erzählerin, Klein-Kröterich (Klein-K.), Richard Grashüpfer,
Vater von Klein-K., Mutter von Klein-K.

Erzählerin: Die Sonne brennt heiß vom Himmel. Klein-K. liegt am Ufer
seines Sees und träumt vor sich hin. Neben ihm sitzt sein
neuer Freund Richard Grashüpfer, der vor zwei Tagen mit
seiner Gitarre plötzlich hier am See aufgetaucht war.

Klein-K.: Das ist Glück! Das muss Glück sein! Auf das Wasser schauen
und einen guten Freund neben sich haben. Das ist Glück!
Wir sind glücklich, weil wir am schönsten See der Welt leben.
Nichts lässt sich mit ihm vergleichen.

Richard: Es tut mir leid, mein junger Freund, dass ich dir widersprechen
muss. Du kannst es nicht wissen, du bist noch zu jung und,
entschuldige, wenn ich das sage, zu unerfahren. Erfahrung
hat mit fahren zu tun! Mit fahren oder wandern!

Klein-K.: Was meinst du damit?

Richard: Ich meine damit, dass man herumkommen muss in der Welt,
damit man die Dinge miteinander vergleichen kann. Ich weiß
von einem See, der ist tausendmal schöner als dieser.

Klein-K.: Schöner als dieser hier? Wie ist das möglich? Siehst du nicht
das glitzernde Wasser, das Gras am Ufer?

Richard: Doch, doch, das sehe ich wohl. Aber es gibt einen See, der ist
so schön, so unvergleichbar schön, dass du ihn noch nicht mal
erträumen kannst.

Klein-K.: Hast du ihn schon gesehen? Ist er weit weg von hier?
Wie heißt er?

Richard: Nun ja, irgendwo hinter dem Nirgendwo, ich habe ihn nicht mit meinen eigenen Augen gesehen. Aber mir hat es ein wirklich vertrauenswürdiger Krebs erzählt, der weiß es von einem Molch, dem es wiederum eine Libelle erzählte, die es von einem Kohlweißling gehört hatte ... absolut vertrauenswürdig.

Erzählerin: Eine laute Stimme unterbricht die Unterhaltung der beiden.

Vater: Klein-K., Klein-K., heimkommen, das Essen ist fertig!

Klein-K.: Mein Vater ruft mich, schade, ich hätte dir gerne weiter zugehört.

Erzählerin: Klein-K. geht schnell nach Hause. Seine Eltern sind in Eile, sie sind heute Abend zur großen Sumpfparty eingeladen.

Vater: Das Essen steht schon auf dem Tisch. Los, beeil dich!

Klein-K.: Papa, hast du schon mal etwas von dem See Irgendwo gehört?

Vater: Iss endlich und hör auf zu schmatzen. Was hast du da gefragt? Wo soll der See sein?

Klein-K.: Irgendwo hinter dem Nirgendwo.

Vater: Unsinn, einen solchen See gibt es nicht. Unser See ist EINZIGARTIG. Das heißt, dass es nur diesen See gibt und sonst nichts.

Klein-K.: Und was ist hinter dem See?

Vater: Was soll da schon sein, ein Weg, eine Wiese ...

Klein-K.: Und hinter dem Weg und der Wiese?

Vater: Nichts. Höchstens … Hinter dem Weg und der Wiese ist ein großes Loch. Und dahinter sind die Störche. Und was das bedeutet, weißt du ja hoffentlich.

Erzählerin: Ja, das wusste Klein-K. Etwas Schlimmeres als Störche gab es nicht. Störche waren das Böse schlechthin.

Vater: Jetzt iss endlich, damit du was wirst. Wann willst du endlich auf deinen eigenen Füßen stehen? Fängst noch nicht mal die kleinste Eintagsfliege …

Klein-K.: Aber die Fliegen sind doch meine Freunde.

Vater: Fliegen sind keine Freunde, Fliegen sind zum Essen da.

Mutter: Wir müssen uns beeilen, Papa und ich. Ich habe durchs Badezimmerfenster gesehen, dass Herr und Frau Molch sich schon auf den Weg gemacht haben.

Erzählerin: Nachdem die Eltern gegangen sind, schlendert Klein-K. traurig zum See. Draußen ist es schon dunkel.

Richard: Komm, setzt dich zu mir. Wenn du willst, spiele ich dir ein bisschen auf der Gitarre vor. Was hast du? Tut dir was weh?

Klein-K.: Nein, ich muss nur immer an den See denken, den See Irgendwo. Ich möchte ihn so gerne sehen.

Richard: Dich hat die Sehnsucht gepackt, mein Freund.

Klein-K.: Das also ist Sehnsucht. Und was mache ich mit meiner Sehnsucht?

Richard: Lass dich von ihr treiben. Geh, erlebe das Leben. Und vergiss nicht die Abenteuer und die Überraschungen.

Klein-K.: Ja, ich gehe! Aber in welche Richtung, Richard?

Richard: Das ist eine leichte Frage, die Antwort lautet: Geh immer nach Norden.

Klein-K.: Ja, ... aber wo ist Norden?

Richard: Norden ist ... immer links von dir. Ach, weißt du was?
Vergiss den Norden. Geh immer dem Mond nach. Und
am Tag richte dich nach der Sonne. Das ist am einfachsten.
Und irgendwohin kommst du auf jeden Fall.

Klein-K.: Richard, könntest du nicht ... ich meine, ... Warum gehen wir
nicht zusammen?

Richard: Das geht leider nicht. Dringende Geschäfte, du verstehst?
Auf Wiedersehen, mein junger Freund.

Klein-K.: Ja, natürlich. Danke, Richard. Und auf Wiedersehen.

Erzählerin: Klein-K. macht sich auf den Heimweg, um seinen Rucksack
für die Reise zu packen. Ein paar Kekse, zwei Äpfel,
einen warmen Pullover und eine Unterhose zum Wechseln.
Ganz zum Schluss schiebt er auch noch seine alte Plüschtier-
kaulquappe in den Rucksack. Schließlich reißt er eine Seite
aus einem alten Heft und schreibt darauf:

Liebe Eltern! Ich habe beschlossen, auf Wanderschaft zu gehen.
Auf eigenen Füßen zu stehen, auch wenn ich nicht genau weiß,
was das heißt. Vielleicht finde ich es ja heraus. Bleibt gesund,
alles Liebe, euer Sohn Klein-Kröterich, genannt Klein-K.

nach Mirjam Pressler und Yaakov Shabtai

Klein-K. trifft unterwegs:
den verfressenen Sandkrebs,
das tanzende Glühwürmchen,
den bösartigen Raben ...

Ich liebe Bücher

Der geheimnisvolle Ritter Namenlos

König Wilfried der Wohlriechende
hatte drei Söhne, denen ließ er all
das beibringen, was sein Vater
ihm hatte beibringen lassen – das
5 Reiten, das Kämpfen mit Schwert
und Lanze und gute Manieren
beim Essen. Die drei lernten
stolz daherzuschreiten, mit
lauter Stimme zu reden und das,
10 was das Wichtigste für Königs-
söhne ist, das Befehlen.
Doch dann gebar die Königin eine
Tochter. Und starb bei der Geburt.
Und niemand konnte dem König
15 sagen, was man einer Tochter
beibringt. Also ließ er sie dasselbe
lernen wie seine Söhne.
Obwohl sie kleiner und zarter war
als die drei und kaum ein
20 Schwert heben konnte.

Violetta Spinnenbein nannten ihre
Brüder sie, Violetta Mückenstark,
Violetta Fliegenschreck.
Die drei prahlten damit, dass sie
25 einem Pferd die Sporen so heftig in
die Seite stoßen konnten, dass auch
der stolzeste Hengst gehorchte.
Sie schlugen den Strohpuppen,
mit denen sie das Kämpfen übten,
30 so heftig die Köpfe ab, dass sie
über die Schlossmauer flogen –
und lachten dreistimmig über
ihre kleine Schwester, die Mühe
hatte, in der schweren Rüstung
35 auf ein Pferd zu steigen.
„Ach Emma", sagte Violetta abends
zu ihrer Dienerin. „Ich werde nie
so stark sein wie meine Brüder."

„Nicht so stark, aber dreimal so klug",
40 erwiderte Emma. „Warum bittet Ihr
Euren Vater nicht, Euch etwas anderes
lernen zu lassen als die elende
Kämpferei? Lernt Sticken oder Weben,
die Flöte spielen oder sonst etwas
45 Nützliches."
Aber Violetta schüttelte den Kopf.
„Nein", sagte sie. „Nein, nein, nein."
Und Emma sagte nichts mehr, denn sie
wusste, dass die Prinzessin starrköpfiger
50 war als die drei Prinzen zusammen.
Violetta jedoch schlich künftig
jede Nacht aus dem Palast, um
all das zu üben, was ihre Brüder
so viel besser konnten.
55 Und sie lernte auf ihre Weise.
Ohne Geschrei und ohne Sporen.
Ganz leise. Leise wie die Nacht.
Violetta wurde mit jedem Tag
flinker und treffsicherer.
60 Die Pferde trugen sie gern.
Und wenn Violettas Brüder
mit den Lanzen nach ihr stießen,
bohrten sie nur Löcher in die Luft.

Schwindelig ritt sie ihre Brüder, bis
65 deren Pferde schnaubend die Köpfe
hochwarfen und keinen Schritt mehr
taten. So lachten die drei Prinzen bald
nicht mehr über ihre kleine Schwester.
Und Violetta Fliegenschreck nannten
70 sie sie auch nicht mehr.
Doch dann kam der Tag vor ihrem
sechzehnten Geburtstag.
„Violetta", sagte ihr Vater. „Ich werde
zur Feier deines Geburtstages
75 ein Turnier veranstalten. Der Sieger
wird dich zur Frau bekommen."
Ihr Geburtstag kam, und auf dem
Turnierplatz drängten sich die Ritter.
Neben dem König aber saß nicht
80 Violetta, sondern Emma, ihre Dienerin,
in Violettas schönstem Kleid,
mit einem Schleier vor dem Gesicht.
Violetta selbst legte eine schwarze
Rüstung an ...

Text: Cornelia Funke
Bilder: Kerstin Meyer

Der wunderbarste Beruf der Welt

Fragen einer vierten Klasse an Cornelia Funke

Bastian: Violetta ist viel pfiffiger als ihre drei Brüder. Waren Sie früher auch so ein Mädchen? Hatten Sie schreckliche Brüder?

5 **Cornelia Funke:** Nein, ich hatte keine schrecklichen Brüder. Ich hatte zwei jüngere Brüder, der eine ein bisschen ruhiger als ich, der andere vielleicht noch ein bisschen wilder. Ich selbst war ein Mädchen, das gern Jungenspiele spielte, seinen

10 Puppenwagen gegen die Wand fuhr und am liebsten dicke Abenteuerbücher las. Ich glaube, einiges von mir steckt in Violetta. Für Mädchen war und ist es immer noch so, dass sie dafür kämpfen müssen, gleiche Rechte zu haben und so sein zu können, wie sie wollen – allerdings glaube ich, dass Jungen es manchmal auch ganz schön schwer haben.

15 Mein Sohn ist so – er hat schon immer überall das Gefährliche in der Welt gesehen, und meine Tochter hat ihn dafür nicht ausgelacht, sondern beschützt, wenn er das gerade brauchte.

Carolin: „Emma und der Blaue Dschinn" fängt ja ganz normal an. Dann aber kommt der Geist aus der Flasche und alles wird fantastisch. Das

20 passiert in Ihren Büchern oft so. Schreiben Sie gerne fantastische Sachen?

Cornelia Funke: O ja, ich schreibe sehr, sehr gern fantastische Geschichten. Ich lese sie auch sehr gern, hab ich schon immer getan. Wo sonst als in unserer Fantasie können wir fliegen, auf Drachen reiten und Wesen begegnen, die wir noch nie gesehen haben?

25 Die fantastischen Geschöpfe, die Menschen sich ausdenken, helfen, Angst und Tapferkeit und vieles andere in uns zu entdecken. Und es macht auch noch einen Riesenspaß, sie zu erfinden!

Johanna: In dem Buch von den „Gespensterjägern auf eisiger Spur" spielt ein Junge die Hauptrolle und der Tom ist richtig nett.

30 Wie kommen Sie auf Ihre Ideen?

Cornelia Funke: Ich würde sagen, die Ideen kommen zu mir! Manchmal pflück ich sie mir auch aus der Wirklichkeit. Zum Beispiel: Die Ideen zu den schlammigen Ereignissen von „Gespensterjäger in großer Gefahr" kamen mir, während ich bis zu den Knien im Schlamm steckte, auf einer

35 Pferdeweide. Um genau zu sein: Ich sammelte dort Pferdeäpfel ab. Alles war kalt und nass und der Schlamm zog mir fast die Stiefel aus – und schwups, war da die Idee von dem im Schlamm versinkenden Dorf und den schrecklichen spukenden Ursachen dafür.

Fabian: Bei den „wilden Hühnern" dachte ich erst, das wären Bücher für

40 Mädchen. Aber mir gefallen sie. Darin passiert aber nichts Fantastisches. Schreiben Sie diese Geschichten genauso gern?

Cornelia Funke: „Die wilden Hühner" begann ich zu schreiben, weil mein Verlag mich bat, doch mal was ganz und gar nicht Fantastisches zu schreiben. Während ich sie schreibe, habe ich Spaß daran, aber wenn

45 mir nicht so viele Kinder ständig wegen einer Fortsetzung schreiben würden, hätte ich bestimmt nur ein Hühner-Buch geschrieben.

Orkan: Ist es eigentlich leichter, so ein Fortsetzungsbuch zu schreiben, als sich ein ganz neues Buch auszudenken?

Cornelia Funke: Ja, weil man schon viele Figuren hat. Aber andererseits

50 wird es immer schwieriger, etwas wirklich Neues zu schreiben.

Mirko: Ich habe „Herr der Diebe" gelesen. Richtig spannend. Wie entsteht bei Ihnen so eine Figur im Kopf wie der Scipio? Und die anderen aus der Gruppe?

Cornelia Funke: Scipio ist mir eingefallen, weil ich immer schon

55 über ein Kind schreiben wollte, das sich wünscht, erwachsen zu sein. Ich war selbst so. Während ich dann an der Geschichte arbeitete, fand ich langsam heraus, wie genau Scipio ist – anfangs war er ziemlich unausstehlich, aber schließlich mochte ich ihn sehr gern. Die anderen aus der Gruppe entstanden wie von selbst – plötzlich

60 waren sie alle da – so geht mir das oft.

☺ Das kenne ich schon: eine Autorin

Ein Film in meinem Kopf

Kerstin Meyer erzählt vom Illustrieren

Was mich anregt

Beim Lesen spielt sich in meinem Kopf ein Film ab,
aus dem ich ein paar Bilder oder Szenen herausnehme,
5 die ich besonders witzig finde. Früher habe ich als Trick-
filmzeichnerin gearbeitet. Daher kommt wohl meine
Liebe zur Bewegung und zum übertriebenen Ausdruck.

Es reizt mich auch, mit verschiedenen Stilen zu arbeiten,
zum Beispiel mit Ornamenten wie im Buch „Emma und
10 der Blaue Dschinn". Oder ich male kleinere Bilder, die
sich wie ein Band über die ganze Seite ziehen.

Um noch genauere Vorstellungen zu bekommen, kaufe oder
leihe ich mir Bücher und DVDs, etwa über die Ritterzeit.
Da lasse ich mich von den Ritterrüstungen, Turnieren und
15 Burgen anregen. Ich zeichne die Ritterkämpfe, während ich
sie auf Video angucke. Aber ich zeichne sie nicht genau so,
wie sie da sind, das wäre für ein Sachbuch richtig.

Wie ich arbeite

Beim ersten Lesen des Textes und bei meinen Nachforschungen

20 entstehen erste grobe Skizzen mit Bleistift und nach und nach
der Plan für das Buch. Mit der Abfolge der Bilder versuche ich
Spannung zu erzeugen oder zu überraschen. Dann werden
die Skizzen genauer. Zu diesem Zeitpunkt muss ich dem Verlag
auch mal ein sogenanntes Dummy vorlegen. Damit kann ich

25 zeigen, wie das Buch von der Text-Bild-Aufteilung werden soll.
Das alles ist noch in Schwarz-Weiß. Zusätzlich fertige ich eine
reingezeichnete Doppelseite in Farbe an, die genau zeigt, wie ich
das ganze Buch machen will. Das kriegt eventuell auch der Autor
oder die Autorin zu sehen. Wenn alle zufrieden sind, geht es

30 weiter. Ich mache die anderen Reinzeichnungen, und zwar mit
Feder und Scriptol. Dazu ziehe ich das Blatt auf ein Zeichenbrett
auf, damit es nach dem Trocknen immer wieder schön glatt wird,
auch wenn ich mit viel Wasserfarbe darübergehe. Ich koloriere
mit Pigmenttuschen, die so schön leuchtende Farben haben und

35 sich endlos übereinandermalen lassen, ohne dass die Farbe
hässlich wird.

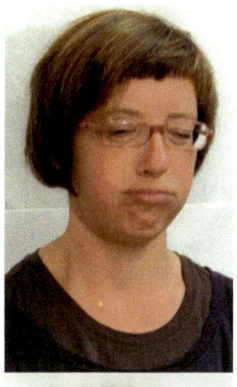

Fachbegriffe ...	... und was sie bedeuten:
Dummy	Muster zur Ansicht
kolorieren	eine Strichzeichnung farbig ausmalen
Ornament	Verzierung, zum Beispiel auf Teppichen, Vasen
Pigmenttusche	farbige Tusche
Reinzeichnung	die fertige Zeichnung
Scriptol	besondere schwarze Tusche
Skizzen	Entwürfe von Zeichnungen
Zeichenbrett	Unterlage zum Zeichnen

Herr der Diebe

Eine Wasserratte huschte erschrocken davon, als die Kinder sich den engen Gang hinuntertasteten. Der Weg führte zu einem Kanal, aber Wespe, Prosper
5 und Bo folgten ihm nur bis zu einer Metalltür in der fensterlosen Mauer. Mit ungelenken Buchstaben hatte jemand *vietato l'ingresso* darauf gepinselt, Betreten verboten. Früher
10 war dies einer der Notausgänge des Kinos gewesen, jetzt verbarg sich hinter der Tür ein Versteck, von dem nur sechs Kinder etwas wussten. Prosper zog zweimal kräftig an der
15 Schnur, die neben der Tür baumelte, wartete einen Moment und zog dann noch einmal. Das war ihr Zeichen, aber es dauerte, bis jemand öffnete. Bo trat schon ungeduldig von einem
20 Fuß auf den anderen, als sie endlich hörten, wie der Riegel zurückgeschoben wurde. Nur einen schmalen Spalt breit öffnete sich die Tür. „Parole?", fragte eine misstrauische Stimme.
25 „Komm, Riccio, du weißt doch, dass wir uns die nie merken können!", raunte Prosper ärgerlich.

Und Wespe trat auf den Spalt zu und zischte hinein: „Siehst du die Tüten in
30 meiner Hand, Igelchen? Die habe ich vom Rialtomarkt bis hierher geschleppt. Meine Arme sind bald lang wie Affenarme, also mach endlich auf!"
„Ja, ja, schon gut. Aber wehe,
35 Bo verpetzt mich wieder bei Scipio, wie letztes Mal!"
Mit besorgtem Gesicht öffnete Riccio die Tür. Mager war er und einen ganzen Kopf kleiner als Prosper,
40 obwohl er nicht viel jünger war. Zumindest behauptete Riccio das. Sein braunes Haar stand ihm so struppig vom Kopf ab, dass es ihm seinen Spitznamen eingebracht hatte:
45 Riccio – der Igel.
„Wir haben schon mit dem Aufräumen angefangen", erzählte Riccio, als er ihnen mit der Taschenlampe den dunklen Flur entlangleuchtete.
50 „Aber sehr weit sind wir noch nicht gekommen. Mosca will immer nur an seinem Radio rumbasteln. Und bis vor einer Stunde haben wir vor dem Palazzo Pisani herumgestanden.

⁵⁵ Warum Scipio sich ausgerechnet den
Palast für seinen nächsten Raubzug
ausgesucht hat, ist mir ein Rätsel.
Fast jeden Abend ist dort irgendetwas
los, Feste, Empfänge, ich glaub, alle
⁶⁰ vornehmen Familien der Stadt geben
sich da die Klinke in die Hand. Wie
will Scipio da jemals unbeobachtet
reinkommen?"
Prosper zuckte nur die Achseln.
⁶⁵ Ihn und Bo hatte der Herr der Diebe
bisher noch nicht zum Kundschaften
geschickt, obwohl Bo Scipio ständig
darum anbettelte. Meistens zogen
Riccio und Mosca los, wenn es um
⁷⁰ das Beobachten der Paläste ging,
denen Scipio einen nächtlichen
Besuch abstatten wollte. Seine Augen
nannte er die zwei, während Wespe
dafür zuständig war, dass das Geld
⁷⁵ vom Verkauf seiner Beute nicht zu
schnell ausgegeben wurde. Prosper
und Bo, als neueste Schützlinge
des Herrn der Diebe, hatten bisher
höchstens mitkommen dürfen,
⁸⁰ wenn die Beute verkauft wurde oder
Einkäufe erledigt werden mussten,
so wie heute.

Prosper war das nur recht.
Aber Bo wäre zu gern mit Scipio
⁸⁵ in die vornehmen Häuser der Stadt
geschlichen, um all die wunderbaren
Dinge zu stehlen, die der Herr
der Diebe von seinen Beutezügen
mitbrachte.
⁹⁰ „Scipio kommt überall rein",
verkündete Bo, während er neben
Riccio herhüpfte. Zwei Sprünge
auf dem linken Fuß, zwei Hüpfer
auf dem rechten – Bo bewegte sich
⁹⁵ selten vorwärts, ohne zu hüpfen
oder zu rennen.
„Er hat was aus dem Dogenpalast
gestohlen, und keiner hat ihn
erwischt. Weil er eben der Herr
¹⁰⁰ der Diebe ist." – „Ja, der Einbruch
in den Dogenpalast. Wie könnten wir
den vergessen!" Wespe warf Prosper
einen spöttischen Blick zu.
„Selbst ihr habt die Geschichte
¹⁰⁵ doch bestimmt schon hundertmal
zu hören bekommen, oder?"
Prosper grinste nur.
„Also, ich könnte sie mir tausendmal
anhören", meinte Riccio.

Cornelia Funke

Das Buch gibt es auch als Film und als Hörspiel.

Tim und das Geheimnis von Knolle Murphy

Ich habe vier Brüder. Stellt euch das vor. Fünf Jungen, alle jünger als elf, die unter einem Dach wohnen.

„Dieses Haus ist ein Irrenhaus", sagt Papa.

5 „Wir müssen etwas für euch finden, womit ihr in den Ferien beschäftigt seid." Papa dachte nach. „Was ist mit der Bücherei?", sagte er schließlich.

„Bitte nicht die Bücherei", flehte Marty.

10 „Das ist zu gefährlich."

„Zu gefährlich? Wie kann eine Bücherei gefährlich sein?", fragte Papa.

„Nicht die Bücherei", flüsterte Marty. „Aber die Bibliothekarin."

15 „Mrs Murphy?", sagte Mama. „Das ist eine nette, alte Dame."

„Aber es stimmt, Mama. Sie hasst Kinder und war früher Fährtenleserin in der Armee. Sie hat in feindlichen Ländern Kinder

20 aufgespürt."

„Sie hat ein Luftgewehr unter ihrem Schreibtisch", fügte Marty hinzu. „Ein Luftgewehr, in dessen Lauf eine ganze Kartoffelknolle passt. Damit schießt sie

25 auf Kinder, wenn sie Lärm in der Bücherei machen. Deswegen sagen wir auch Knolle Murphy zu ihr."

Mutter fand das alles sehr komisch. „Ich hab genug gehört. Ihr beide geht nachmittags in

30 die Bücherei und fertig."

Zehn geschlagene Minuten bettelten und jammerten wir, aber Mama gab keinen Millimeter nach.

Es war genau, wie ich befürchtet hatte.

35 Drinnen gab es nichts als Bücher. Bücher, die bloß darauf warteten, dass sie von den Regalen hüpfen und mich zu Tode langweilen konnten. Die Bücherei schien sich ewig auszudehnen.

40 „Was wollt ihr?", fragte eine Stimme vom anderen Ende der Bücherei. Wir klammerten uns aneinander wie zwei verschreckte Äffchen und gingen zu Knolle Murphy hinüber. Sie war riesig. „Mama sagt, wir

45 müssen uns in der Bücherei anmelden", sagte ich. „Das hat mir gerade noch gefehlt", grummelte Knolle. „Zwei Gören, die meine Regale durcheinander bringen. Name?"

„M-M-Mrs Murphy", stammelte ich.

50 Knolle seufzte. „Nicht mein Name, Dummkopf. Eure Namen." „Tim und Martin Woodman!", rief ich. Wir hatten ihr unsere Namen herausgegeben und als Nächstes kam unsere Adresse. Das machte mir leichte

55 Sorgen. Jetzt wusste Knolle, wo wir wohnten, und konnte uns aufspüren, wenn wir jemals vergessen sollten, ein Buch zurückzubringen. „Rosa Ausweise", sagte sie und gab sie uns. „Rosa heißt Kinder. Rosa heißt, ihr bleibt im

60 Bereich für Kinderbücher."

Die Abteilung war eigentlich nur ein einziger Regalkasten mit vier Bücherreihen. Auf dem Boden davor lag ein kleines, abgewetztes Stück Teppich. „Bleibt auf dem Teppich,

65 sonst gibt's Ärger. Ist das klar?"

Ich nickte. Es war klar. Keine Frage.

Sachbücher, Märchenfilme, Abenteuergeschichten … Jeder mag etwas anderes. Was magst du? Begründe.

Du willst wissen, wie es weitergeht? Suche das Buch in einer Bücherei.

Bei den nächsten Besuchen in der Bücherei saß ich auf dem Teppich und tat so, als würde ich lesen. Wir taten drei Mal in der Woche so,

70 als würden wir lesen. Manchmal vergaßen wir still zu sein und dann stattete Knolle der Kinderbuchabteilung einen Besuch ab. Wir durften nicht streiten, wir durften nicht schreien, wir durften keine lauten Körper-

75 geräusche von uns geben. Alles, was einem Jungen Spaß macht, war uns verboten. Oh, wie war das langweilig!

Dann passierte eines Tages etwas Seltsames. Ich tat so, als würde ich ein Buch lesen mit

80 dem Titel *Finn McCool, der Riese von Irland*. Da weckte etwas meine Aufmerksamkeit. Der erste Satz in der Geschichte. „Finn McCool", stand da, „war der größte Riese in Irland." Der Satz hatte was. Er klang …

85 interessant. Ich beschloss, ein bisschen weiterzulesen. Nicht das ganze Buch, nie im Leben. Aber vielleicht noch ein paar Sätze. Finn hatte ein Problem, hieß es in dem Buch. Angus MacTavish, der größte Riese in

90 Schottland, wollte gegen ihn kämpfen.

Da konnte ich nicht mehr aufhören. Zwei Riesen, die gegeneinander kämpften! Vielleicht sollte ich nur herausfinden, wie es ausging. Also las ich die Seite zu Ende und

95 dann las ich immer weiter. Und im nächsten Moment war ich in die Geschichte von Finn McCool und Angus MacTavish vertieft. Ich las von Abenteuern und Magie, von Schlachten und schlauen Plänen. Berge

100 explodierten und Zauberer erschlugen Kobolde. Verzauberte Ziegen redeten und Prinzessinnen verwandelten sich in Schwäne. Es war eine andere Welt. „Wollen wir gehen?", sagte eine Stimme.

105 Ich blickte auf. Es war Mama. „Was machst du denn hier?", fragte ich. Ich drückte das Buch an meine Brust. „Aber wir sind doch eben erst gekommen. Es ist erst …" Ich verstummte, weil ich die Uhr an der Wand

110 sah. Es war fünf. Fast zwei Stunden lang hatte ich gelesen. Ich schaute zu Marty hinüber. Der las immer noch! Ein Buch mit einem Bild von einem Drachen auf dem Umschlag. Was war hier eigentlich los?

Eoin Colfer

165

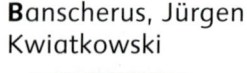

KINDERBÜCHER

Alves, Katja:
Beste Freundin

Banscherus, Jürgen:
Kwiatkowski

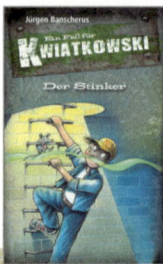

Follett, Ken:
Die Kinder des
Universums

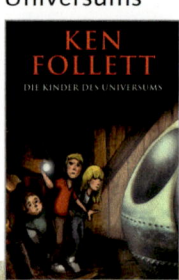

A – F

Fontane, Theodor:
Der kinderleichte
Fontane

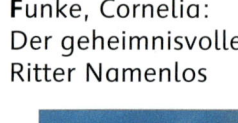

Funke, Cornelia:
Der geheimnisvolle
Ritter Namenlos

Funke, Cornelia:
Herr der Diebe

F

Geisler, Dagmar:
Bleibt locker,
Leute!

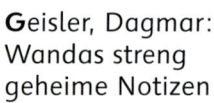

Geisler, Dagmar:
Wandas streng
geheime Notizen

Greschik, Stefan:
Profiwissen Weltraum

G

Hole, Stian:
Garmans Geheimnis

Joyce, William:
Die fliegenden Bücher des
Mister Morris Lessmore

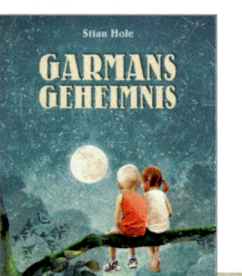

Jung, Chang-hoon:
Unser Mond

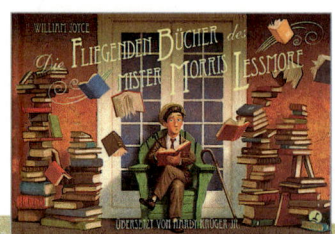

H – J

Kästner, Erich:
Pünktchen und Anton

Kilaka, John:
Der wunderbare Baum

Lestrade, Agnès:
Die große
Wörterfabrik

Lindgren, Astrid:
Ronja Räubertochter

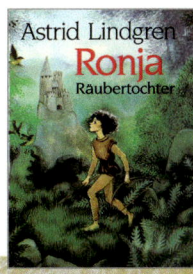

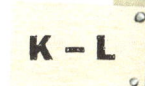
K – L

Matsuoka, Mei:
Vom Wolf, der lieb
sein wollte

Obrist, Jürg:
Pepper greift ein

Robinson, Barbara:
Vorsicht, die Herdmanns
schon wieder

Robinson, Barbara:
Hilfe, die Herdmanns
kommen

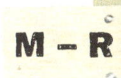
M – R

Schlüter, Andreas:
Level 4

Shodjaie, Seyyed Ali:
Der große
Schneemann

Smith, Lane:
Das ist ein Buch!

Weber, Benedikt:
Ein Fall für die
schwarze Pfote

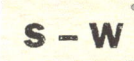
S – W

 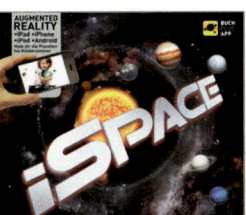 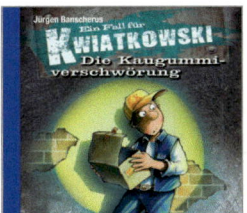 

elektronische
Medien

167

Lesen üben und Texte besser verstehen

Sucht euch einen Text aus dem Lesebuch aus.

Lest ihn in eurem Leseteam vor.

Überlegt gemeinsam, was ihr in den Lesepass
eintragen wollt:

Wie war die Geschwindigkeit? Genau richtig?

Zu schnell oder zu langsam?

Habt ihr noch viele oder nur wenige Lesefehler gemacht?

Hat das Team den Text beim Vorlesen gut verstanden?

Wie war die Betonung beim Vorlesen?

Übt das Lesen und lest den Text später noch einmal.

Was könnt ihr nun in euren Lesepass eintragen?

Vergleicht die Einträge.

Übt Lesen in einem Leseteam.

Beim Mailen, Chatten oder SMS-schreiben werden oft
Abkürzungen und Zeichen verwendet, um Gefühle auszudrücken.

Abkürzungen		Zeichen	
bb	bye bye / bis bald	:-)	lachen
cu	see you / man sieht sich	:-(	traurig sein
lol	laughin out loud / lautes Lachen	;-)	zuzwinkern
kA	keine Ahnung	:-o	erstaunt sein
hdl	hab dich lieb	:-x	küssen
plz	please / bitte	:,-(	weinen
sry	sorry / tut mir leid	:-@	brüllen
thx	thanks / danke	>:-(	wütend sein

Hi Max, cu nachher im Kino?

:-o hab ich vergessen, kA, warum.

:-(und nun?

sry, lass uns morgen gehen, bb.

Lies den Text auf Seite 35. Welche Abkürzungen
und Zeichen könntest du hier verwenden?

Lies die SMS.

Seite **38 39** Wie merkt sich unser Gehirn Dinge? /
Wie wir uns Dinge lange merken

Für diese schwierigen Wörter findest du
eine Erklärung im Text.
Notiere die Erklärung und die Zeilen,
in denen du sie gefunden hast.

Kurzzeitgedächtnis   Langzeitgedächtnis
limbisches System   Großhirnrinde

Seite **51** Klimaanlage Regenwald

Schreibe drei Gründe auf, warum der tropische Regenwald
so besonders wichtig für das Klima der Erde ist.

Warum wird es schwieriger, für immer mehr Menschen genügend
Essen zu produzieren? Sprich mit einem Partnerkind darüber.

Noch mehr Informationen zu „Regenwald" und „Klima" findet ihr
im Internet. Gebt die Begriffe in Kindersuchmaschinen ein.
Vergleicht eure Ergebnisse in der Gruppe.

Seite **54** 2 ½ Jungs retten ihren Baum

Hier gibt es ein großes Missverständnis! Welches? Schreibe es auf.

Seite **57** Baumschädlinge

Überprüfe die Aussagen. Schreibe nur die richtigen ab.

Der Buchdrucker ist das größte der beschriebenen Tiere.
Die Miniermotte ist ein kleiner Falter.
Die Larven des Buchdruckers fressen Gänge in die Bastschicht.
Die Miniermotte legt ihre Eier auf die Oberseite der Blätter.
Die Larven des Rüsselkäfers fressen die Baumrinde.
Der Rüsselkäfer befällt vor allem Laubbäume.

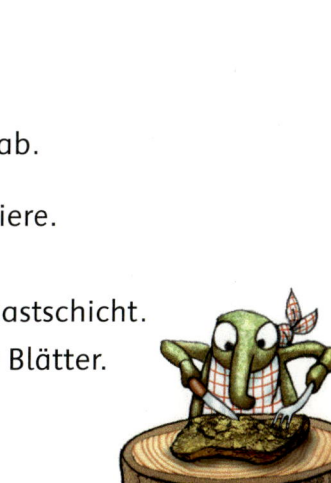

Lesen üben und Texte besser verstehen

Seite **58** **Spy Eye verschwindet**

Schreibe die Tabelle ab und ergänze das Wörterbuch.

I can't find my suitcase.	Ich kann meinen Koffer nicht finden.
	Entschuldigen Sie
maybe	vielleicht
That's my suitcase.	Das ist mein …
glasses	Brille
sunglasses	
tooth	Zahn
missing	
earrings	
	Schnurrbart
very big	

Seite **64** **Kwiatkowski, Privatdetektiv**

Schreibe einen Steckbrief über Kwiatkowski, so wie es die Kinder von der Schwarzen Pfote (Seite 60) getan haben oder schreibe einen Steckbrief über dich.

> Kennst du berühmte Detektive? Erstelle über sie einen Steckbrief.

Seite **86** **Hopp, Hopp, Hypersprung**

Welche Überschrift passt zu welchem Absatz?
Schreibe die Zeilen der Absätze und die Überschriften in der richtigen Reihenfolge auf.

Zeile 1–18   Zeile 19–49   Zeile 50–67   Zeile 66–82

Der Beweis auf dem *Trafalgar Square*
Auf dem Mond?
Ein merkwürdiger Raum
Der Geheimagent vom Planeten Klipst

Zeile 1–18: _____

Schreibt zu jedem Absatz drei W-Fragen auf.
Macht daraus ein Quiz.

Seite 92 **Ich kapier das nicht**

Die beiden Schaubilder zeigen, wie die Kinder zueinander stehen.
Welches Schaubild passt besser zur Geschichte?
Suche Textstellen, die das zeigen.
Gleiche mit deinem Partnerkind ab:
Habt ihr alle wichtigen Textstellen gefunden?
Besprecht gemeinsam in der Gruppe:
Was würdet ihr noch ergänzen?

Seite 98 **Zarah**

Welche Sätze stimmen? Bringe die Buchstaben
in die richtige Reihenfolge und
setze das Lösungswort zusammen.

Alle Mädchen sind sehr gute Freundinnen. (FUR)
Zarah hat überhaupt keine Angst. (STH)
Die vier Mädchen wollen Zarah beschützen. (HÄ)
Die vier Freundinnen haben mehr Angst als Zarah. (ASE)
Die Freundinnen wissen, wer bei Zarah wohnt. (UM)
In der Geschichte gibt es wirklich Monster. (ANG)

Lesen üben und Texte besser verstehen

Seite **104 105** **Der Wolf / Ein Ureinwohner Bayerns**

Was spricht für eine Wiederansiedlung der Wölfe bei uns?
Was spricht dagegen? Findet die Argumente in den Texten.
Zu welchem Schluss kommt ihr?

Seite **134** **Der Kern**

Lege eine Stichwortsammlung zu dem Text an. Sie soll
* gut lesbar und übersichtlich sein,
* nur die wichtigsten Wörter enthalten,
* Antworten auf W-Fragen finden,
* den Inhalt mit wenigen Wörtern wiedergeben.

Tipp: Teile den Text in Absätze ein.
Schreibe die wichtigste Aussage jedes Absatzes
als Stichwort auf. Du kannst auch mehrere Stichworte
zu jedem Absatz aufschreiben.

Seite **137** **Der Weltkindertag**

Beantworte die W-Fragen. Finde noch weitere W-Fragen.
Wer hat vorgeschlagen, einen Weltkindertag einzuführen,
und wann war das?
Warum gibt es in Deutschland zwei Weltkindertage?
Wieso ist der Weltkindertag nicht nur ein fröhlicher Tag?
Welche Rechte der Kinder werden im Text erwähnt?
Wann wurde die Erklärung aufgeschrieben?

Suche im Internet mit Kindersuchmaschinen
unter dem Stichwort „Kinderrechte"
weitere Informationen.

Was berichten das Radio
und das Fernsehen zum
Weltkindertag?

Kinder haben Rechte!

Mit Texten umgehen

Gestalte ein Wortbild aus einer Redensart. Die anderen Kinder müssen herausfinden, welche Redensart dahinter steckt.

Jemandem ist das Herz in die Hose gerutscht.

Stroh im Kopf haben.

Wie die Made im Speck leben.

Die Nadel im Heuhaufen suchen.

Einen Frosch im Hals haben.

Einen Floh im Ohr haben.

Alles in Butter!

Was findest du in dieser Suppe?

Legt in einer Klassenkonferenz gemeinsame Streitregeln fest.
Schreibt sie auf ein Plakat und hängt es in der Klasse gut sichtbar auf.

Mit diesen vier Gedichten lassen sich viele Ideen umsetzen:
Ihr könnt dazu Bilder gestalten und eine Ausstellung machen.
Ihr könnt sie vortragen, zum Beispiel bei einem Jahreszeitenfest.

Sammelt Informationen über andere Zugvögel und erstellt Plakate dazu.

Sammelt Informationen über Tansania. Wo liegt Tansania?
Was findet ihr über den Staat heraus?

Mit Texten umgehen

Seite 52 Geniale Einfälle der Natur

Wir haben noch mehr Ideen der Natur übernommen.
Was haben Autoreifen mit Katzenpfoten zu tun?
Was hat das Olympiastadion in München
mit einer Seifenblase gemeinsam?
Findet es heraus und präsentiert eure Ergebnisse.

Seite 82 84 89 Raumfahrt

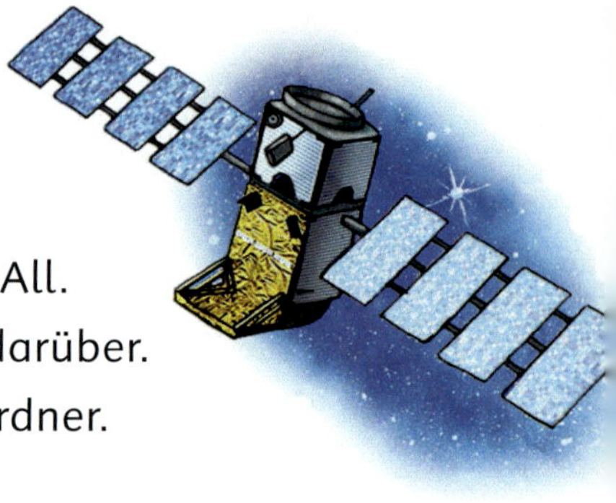

Viele Länder erforschen den Weltraum,
lassen Raketen starten und schicken Satelliten ins All.
Sammelt über mehrere Wochen Zeitungsberichte darüber.
Klebt sie auf Plakate oder sammelt sie in einem Ordner.
Stellt sie in der Klasse aus.

Seite 97 Wie soll eine gute Freundin, ein guter Freund sein?

Findet ihr noch mehr Aussagen, die man ankreuzen kann?
Wie fällt die Umfrage in eurer Klasse aus?
Schreibt die Rangfolge auf. Stimmt ab, wenn ihr euch nicht einig seid.
Bestimmt ein oder zwei Kinder für die Gesprächsleitung und
diskutiert das Ergebnis eurer Umfrage.
Denkt an die Gesprächsregeln.

sich melden

beim Thema bleiben

Meinung begründen

einander zuhören

niemanden unterbrechen

Seite 104 Der Wolf

Untersuche die Texte auf den Seiten 102/103 und 104:
Betrachte ihre Form, die Überschriften und die Bilder.
Welche Unterschiede stellst du fest?
Erkläre deinem Partnerkind, welche Textarten es sind.

So kann
ich mir mein
Fernsehen selber
machen.

zum Lachen bringen

etwas verkaufen

zum Nachdenken anregen

über etwas berichten

unterhalten

informieren

Zu Texten erzählen und schreiben

Liebe ...!
Hier ist etwas ***Schreckliches*** passiert ...

Zu Texten malen und musizieren

Seite **11** **Sprichwörter und Redensarten wörtlich genommen**

Kinder haben diese Redensarten wörtlich genommen und gemalt.
Beispiel: Mit dem Kopf durch die Wand gehen.
Bedeutung: Sich um jeden Preis durchsetzen wollen.

Male selbst zu Redensarten.
Schreibe die Bedeutung der Redensart dazu.

Ich lass mir nicht den Mund verbieten.
Es fällt mir wie Schuppen von den Augen.
Halt die Ohren steif.
Mir sind die Hände gebunden.

Seite **40** **Herr von Ribbeck auf Ribbeck im Havelland**

Gestaltet zu viert eine Bildergeschichte.
Jedes Kind zeichnet ein Bild zu einer Strophe.

Seite **54** **2 ½ Jungs retten ihren Baum**

Lies den Text von Zeile 59 bis Zeile 71.
Male, was Tom sieht, als er zum Baum zurückrennt.

Seite **74** **Knecht Ruprecht**

Unterlegt das Gedicht mit passenden Klängen. Ihr könnt so anfangen:

Von drauß vom Walde: Handtrommel
Goldene Lichtlein blitzen: Triangel
Aus dem Himmelschor: Xylofon,
Glockenspiel mit Weihnachtsmelodie

Seite 112 **Ronja Räubertochter – der Frühlingsschrei**

Zu dieser Geschichte könnt ihr eine Musik erfinden.
Spielt zuerst den Winter und dann den Übergang in den Frühling.

1. Sucht euch passende Instrumente aus. Wie müssen sie
   für den Winter oder den Frühling klingen?
   dunkel – hell, tief – hoch, hölzern – metallisch, leise – laut

2. Wie müsst ihr spielen?
   fröhlich, laut, ernst, HEITER, SCHNELL, …

3. Sucht euch für die tiefen Instrumente oder Trommeln
   einen passenden Rhythmus.

   ● • • • ● • • • ● • • •   oder   • • • • ● • • • • • ● • • • • ●

Seite 134 **Der Kern**

Unterlegt diese Geschichte mit passenden Klängen. Welche Instrumente
benötigt ihr für die krabbelnden Käfer, den Kirschkern, die Darstellung
der Kampfvorbereitung beider Stämme, den wachsenden Kirschbaum?

Seite 148 **Johannisfeuer**

Male auf ein dunkles Blatt ein Bild zu diesem Gedicht.
Suche Farben aus, die schön leuchten. Du kannst
zum Beispiel Ölkreiden benutzen.

Seite 150 **Die Mittagsfrau**

Überlegt euch zu diesen Stichwörtern Geräusche oder Klänge
von Instrumenten. Das vorlesende Kind muss Pausen für die Klänge
und Geräusche lassen.
Sommer – Sonne – heiß – die Mittagsfrau schreitet – Schlag zwölf – Rätsel
lösen – böser Feldgeist – langsamer, gedehnter Singsang – Hanka redet –
die Glocke schlägt eins – gewaltiger Donnerschlag.

Texte aufführen

Diese Texte könnt ihr mit verteilten Rollen lesen.
Ihr könnt sie auch als Theaterstück aufführen.

Eine Spielvorlage schreiben

Ihr könnt auch aus einem Erzähltext ein Spielstück
machen. Sucht einen geeigneten Text aus:
Mehrere Figuren können mitspielen.
Die Geschichte ist nicht zu lang.
Die Figuren können einfache Texte sprechen.
Die Figuren können Situationen nachspielen.
Der Ort, an dem die Handlung spielt,
kann als Bühne dargestellt werden.

Seite **98** **Zarah**

Führt die Geschichte mit Schattenfiguren und Schauspielerinnen auf.
Die Monster werden mit dem Overhead-Projektor an die Wand projiziert.
Die Freundinnen spielen vor der Projektionsfläche.

Das braucht Ihr:

Overhead-Projektor
OHP-Folie und farbige Folienstifte
Tonkarton, farbiges Transparentpapier
Klebestift und Klebeband
Holzstäbe

Monster und Kulissen

Sucht im Text nach Angaben zu den Monstern und den Kulissen.
1. Malt den Wald mit Folienstiften auf die Folien.
2. Bastelt die Monster aus Tonpapier und Transparentpapier.
3. Klebt die Holzstäbe auf die Monsterfiguren.
4. Probiert auf dem Overhead-Projektor unterschiedliche Bewegungen aus.

Freundinnen

Sucht im Text nach Hinweisen zu den Freundinnen. Überlegt:
1. Wie ist die Stimmung in der Szene?
   (gruselig – laut – leise – angespannt – lustig – traurig – ängstlich)
2. Wie verhalten sich die Freundinnen?
3. Wie sprechen die Freundinnen? Probiert verschiedene Stimmlagen aus.
4. Wie stehen sie oder wie bewegen sie sich?

Tipp: Ihr könnt die Aufführung auch in Gruppen vorbereiten.
Gruppe Schauspielerinnen (Freundinnen), Gruppe Erzähler,
Gruppe Monster, Gruppe Kulisse und Requisite,
Gruppe Geräusche und Musik

Mit Gedichten umgehen: Gedichte vortragen

Gedichte auswendig lernen

Suche ein Gedicht aus dem Lesebuch, das dir besonders gut gefällt.
Lerne es gemeinsam mit einem anderen Kind auswendig.
Wie lernt ihr am liebsten? Wie geht es am schnellsten?

Zeile 1: gegenseitig abhören, zusammen sprechen, rhythmisch sprechen
Zeile 1 und 2, dann **Zeile 1 und 2 und 3**: immer weiter genau so üben

Sprecht euch die Gedichte auf verschiedene Art und Weise vor:
laut und leise, l a n g s a m und **schnell**, *sanft* oder wütend.
Entscheidet, wie das Gedicht am besten klingt.
Macht beim Vortrag am Ende der Zeilen Pausen.
Probiert aus, wie kurz oder wie lang die Pause sein sollte.

Wenn ihr die Gedichte einem Publikum vortragt,
müsst ihr besonders deutlich sprechen.

Tipp: In der Bücherei könnt ihr
schöne Gedichtsammlungen finden.

Probiert aus, welche Gesten und Gesichtsausdrücke dazu passen.

Seite **51** **„Noch"**

Achte auf die schräg gedruckten Wörter: Nur wenn du sie
besonders betonst, versteht ein Zuhörer die Bedeutung des Gedichtes.

Seite **72** **Winterrätsel**

Die zwei Strophen des Gedichtes beschreiben unterschiedliche Momente.
Trage die Strophen so vor, dass man den Unterschied hört.
Was musst du schnell oder langsam, laut oder leise sprechen?

Seite **148** **Das Wasser**

Das Wasser macht so viel! Wie hört es sich an, wenn es steigt,
hin und her wallt und fällt?
Trage das Gedicht so vor, dass man hören kann, was das Wasser tut.

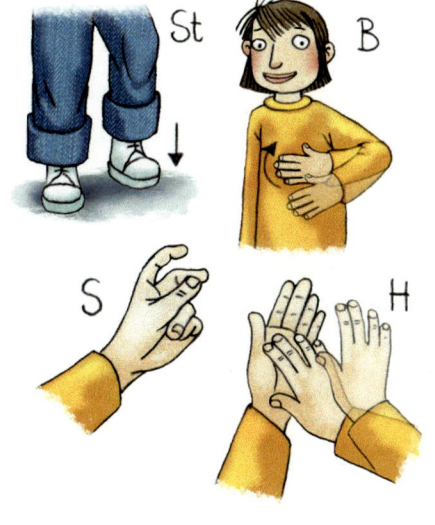

Diese Gedichte könnt ihr rappen.
Ihr könnt sie mit Instrumenten oder
mit Körperinstrumenten begleiten.

Probiert verschiedene Rhythmen aus.
Manchmal passt es auch gut, sich beim Sprechen abzuwechseln.
Manche Zeilen oder Strophen können von einem Kind alleine
gesprochen werden, andere Teile sprechen alle Kinder zusammen.

Einfache Rhythmen auf Körperinstrumenten:

1	2	3	4
B	H H	B	HH
St	H H	St	HH
B S	H B	B S	H

B = Schlag auf die Brust
H = Klatschen
S = Schnippsen
St = Stampfen

Lasst am Beginn und zwischen einzelnen Strophen
den Rhythmus auch alleine klingen.
Beim Sprechen muss der Rhythmus leise sein.
Ihr müsst sehr deutlich sprechen, damit eure Zuhörer
den Text verstehen können.

Tragt das Gedicht zu viert vor. Entscheidet,
wer welche Stellen spricht.
Welche Stellen sprecht ihr im Chor?

Mit Gedichten umgehen: Gedichte schreiben

Seite 9 **Ein Nasenhuhn**

Erfinde weitere Strophen für das Gedicht.
Jetzt ist wieder ein „Nasenverein" dran.

Du kannst auch zu neuen „Tieren" Gedichte schreiben.

> ein Nasenhuhn
> ein Nasenzwerg
> ein Nasenschwein
> die …
> und als da kam
> ein …
> da …

Seite 73 **Schneekristall**

Haikus sind kurze Gedichte, die aus Japan stammen.
Sie reimen sich nicht.
Haikus bestehen aus nur drei Zeilen.
Die erste Zeile hat 5 Silben,
die zweite Zeile hat 7 Silben
und die dritte Zeile hat wieder 5 Silben.

> Im kal-ten Herbst-wind
> kom-men Flie-gen durchs Fens-ter
> Scho-ko-la-den-duft

Wer ein Haiku dichtet, beobachtet die Natur ganz genau.
Die ersten beiden Zeilen beschreiben, was du siehst.
In der letzten Zeile passiert etwas Überraschendes!
Schreibe ein Haiku.

Untersuche die Gedichte auf den Seiten 51, 73, 114, 115, 146.
Findest du dort ein Haiku? Begründe.

Seite 90 **Die große Wörterfabrik**

Ich habe dich so lieb!
Ich würde dir ohne Bedenken,
eine Kachel aus meinem Ofen schenken.

Joachim Ringelnatz

Was würdest du ohne Bedenken verschenken?
Schreibe weitere Strophen.

Für wen ist
dein Geschenk?

Bücher und Medien ausleihen

Seite **166** **Kinderbücher und Medien**

In Bibliotheken oder Büchereien kannst du diese Medien ausleihen:
Bücher und Zeitschriften, Hörbücher und Musik-CDs,
Filme auf DVD, Computerspiele und Gesellschaftsspiele.
Alle Medien haben einen Aufkleber mit Buchstaben und Zahlen.
Diese Signatur kennzeichnet genau, wo das Buch oder die CD steht.
So kannst du sie leicht finden.

Für die Ausleihe brauchst du einen Ausweis.
Achte gut auf deinen Ausweis, damit niemand anderes
auf deinen Namen ausleihen kann.

Alle Medien haben eine bestimmte Ausleihfrist.
Bücher kannst du meistens 4 Wochen ausleihen,
andere Medien oft nur 2 Wochen.
Wer etwas Ausgeliehenes zu spät zurückgibt,
muss eine Gebühr bezahlen.

Jede Bibliothek und jede Bücherei hat eine Benutzerordnung. Lass dir die Benutzerordnung erklären.

In den meisten Bibliotheken und Büchereien
gibt es Computer: Hier kannst du in einem Katalog
überprüfen, ob die Bücherei ein bestimmtes Buch hat
und ob es ausgeliehen ist.
Lass dir von der Bibliothekarin oder dem Bibliothekar
zeigen, wie die Suche funktioniert.

Ein Buch vorstellen

Seite  166 **Kinderbücher**

Die Leserolle

Gestalte zu einem Buch, das du selbst auswählst, eine Leserolle.

Dazu brauchst du eine leere Papprolle (von Chips oder von Tennisbällen).

Schreibe oder male außen auf die Rolle:

Autor oder Autorin, Titel, Verlag und deinen Namen.

Gestalte deine Rolle passend zum Buch:

Du kannst sie bemalen oder bekleben.

Das alles kann in deine Leserolle hinein:

• Cluster zu deinem Buch

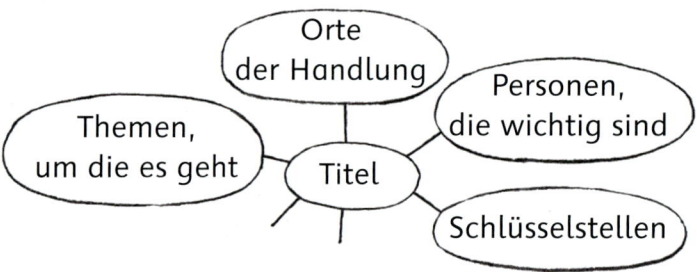

• Beschreibung der Figuren (zum Beispiel als Steckbrief)
• deine Lieblingsstelle, zu der du etwas gemalt oder gestaltet hast
• ein anderes Ende, das du geschrieben hast
• eine Bewertung, wie dir das Buch gefallen hat
• Informationen, die du über den Autor oder die Autorin gefunden hast
• Informationen, ob es andere Medien, eine Hör-CD, eine DVD oder
  einen Film zu dem Buch gibt und wie du sie bewertest
• Du kannst aufschreiben, welche Figur aus dem Buch du gerne sein willst
  und warum.
• …

Klebe alle Blätter aneinander und rolle sie auf.

Präsentiere deine Leserolle in der Klasse.

Ihr könnt eine Ausstellung mit allen Leserollen machen.

> Du kannst deine Leserolle auch zusammen mit einem Partnerkind oder in einer kleinen Gruppe gestalten.

Eine Autorin oder einen Autor vorstellen

Seite **166** **Kinderbücher**

Stelle deiner Klasse eine Autorin oder einen Autor vor.

1. Suche Informationen und Bilder zu deiner Autorin oder deinem Autor:

   Lies den Klappentext auf dem Umschlag oder auf der Rückseite
   des Buches. Manchmal stehen hier Informationen.
   Frage in der Stadtbücherei oder in einer Buchhandlung.
   Schlage in einem Lexikon nach, zu manchen Autorinnen
   und Autoren gibt es dort Einträge.
   Gib den Namen der Autorin oder des Autors
   in eine Suchmaschine im Internet ein.

2. Ordne die Informationen und schreibe die wichtigsten Stichwörter auf.
   Name? Geburtsort? Familie? Besonderheiten?

   Cornelia Funke: geboren am 10. Dezember 1958 in Dorsten
   in Westfalen, eine Schwester und zwei Brüder, wollte als Kind
   Astronautin werden, war zuerst Kinderbuchillustratorin von Beruf …

3. Welche Bücher hat deine Autorin / dein Autor geschrieben?
   Welche Bücher gefallen dir davon am besten?
   Informiere dich, ob sie in eurer Bibliothek ausgeliehen werden können.

4. Stelle deine Autorin oder deinen Autor vor:
   Bringe die Bücher mit und zeige Fotos von ihr oder von ihm.
   Übe deinen Vortrag. Nutze deine Stichwörter, wenn du ihn hältst.

5. Beachte die Rückmeldungen:
   Wie hat den anderen Kindern deine Buch-
   vorstellung gefallen? Gibt es etwas, dass du
   beim nächsten Mal anders machen möchtest?
   Kannst du es auch begründen?

Textwerkstatt 187

Kleines Lexikon

Atmosphäre (S. 83): Lufthülle, die unsere Erde umschließt.

Bakterien (S. 53): Kleinstlebewesen, die sich überall befinden: in der Luft, im Wasser, im Boden und auf allen Menschen und Tieren. Es gibt harmlose Bakterien und solche, die Krankheiten hervorrufen.

Büdner (S. 40): Bauern mit kleinem Haus (Bude). Büdner hatten meistens kein eignes Land und mussten bei einem größeren Bauern arbeiten.

eitel (S. 74): hier: bloß, nur

Findling (S. 134): ein sehr großer Stein, der einzeln liegt und während der Eiszeiten durch Gletscher vom Berg herunter transportiert wurde

Flur (S. 6): hier: Feld, Acker

Gelehrte (S. 134): sind Menschen, die besonders gebildet sind. Sie haben an einer Universität studiert und kennen sich auf ihrem Gebiet sehr gut aus. Gelehrte kann man auch Wissenschaftler oder Wissenschaftlerinnen nennen.

Gesell (S. 74): hier: Bursche, Helfer

Gesinde (S. 140): Dienstboten

Grafit (S. 68): grauschwarzes Kristall aus Kohlenstoff. Die Mine in einem Bleistift besteht nicht aus Blei, sondern aus Grafit.

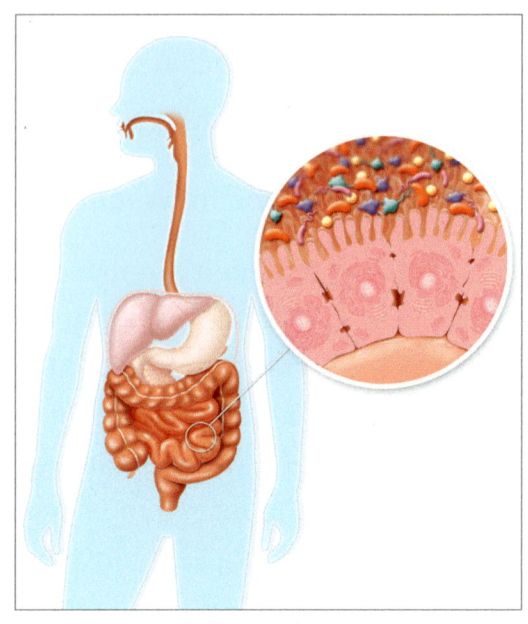

z. B. im Darm leben Bakterien

aufgeschnittener Bleistift

Havelland (S. 40): eine Landschaft in Brandenburg

hehr (S. 76): beeindruckend

Hindustan (S. 14): mittelalterliches Reich im Norden des heutigen Indiens

Hauptquartier (S. 60): Zentrale oder Treffpunkt

Hofstaat (S. 142): alle Personen, die bei einem Fürsten und dessen Familie leben oder arbeiten

Honorar (S. 64): Bezahlung für eine Leistung (z. B. das Lösen eines Falles)

Kurdistan (S. 14): Siedlungsgebiet von Kurden in Vorderasien

Lichtjahr (S. 88): die Strecke, die das Licht in etwa einem Jahr zurücklegt. Das sind 9,460 Billionen Kilometer.

Brennnessel

Minister (S. 117, 142): ist lateinisch und bedeutet Diener. Minister sind Mitglieder der Regierung eines Landes. Meist leiten sie eine Behörde mit einem bestimmten Aufgabenbereich, ein sogenanntes Ministerium.

Mission (S. 89): Das Wort kommt aus dem Lateinischen und bedeutet Sendung oder Auftrag.

Nesseln (S. 11): Abkürzung für Brennnesseln

Paneel (S. 86): Holztafel für eine Wand oder eine Zimmerdecke

Zimmer mit Paneelen

Pantinen (S. 40): Holzschuhe

Parlament (S. 133): besteht aus Menschen, die man Abgeordnete nennt. Sie wurden von den Bürgern gewählt. Für ganz Deutschland ist der Bundestag das vom Volk gewählte Parlament. Das Parlament in Bayern heißt Landtag. Das Parlament kontrolliert die Regierung und beschließt Gesetze.

Pantinen

Pastor (S. 42): auch Pfarrer genannt, Leiter einer christlichen Kirchengemeinde

Pilzsporen (S. 53): erstes Entwicklungsstadium eines Pilzes. Die Sporen werden in großer Zahl vom Pilz gebildet und dienen seiner Fortpflanzung.

Pionier (S. 89): hier: jemand, der etwas vor allen anderen erforscht, erfindet oder entdeckt

Predigt (S. 42): der Teil eines christlichen Gottesdienstes, in dem der Pastor oder Pfarrer über eine Textstelle der Bibel ausführlich spricht.

Pyrenäen (S. 46): Gebirgskette zwischen Spanien und Frankreich

Ressource (S. 130): hier: in der Natur vorhandene Vorräte, die zum Überleben gebraucht werden

auch Briefe können mit einem Siegel verschlossen sein

Schauern (S. 76): Kurzform von Erschauern

schlagen (S. 45): hier: ernten

Siegel (S. 86): Ein Siegel verschließt (versiegelt) einen Raum oder ein Behältnis. Ein unbeschädigtes Siegel stellt sicher, dass der Raum nicht betreten oder verlassen werden kann bzw. ein Gegenstand unversehrt ist.

sinnend (S. 76): in Gedanken versunken sein

sputen (S. 74): beeilen

stickig (S. 62): schlecht gelüftet, drückend warm

strolchen (S. 74): ohne Ziel durch die Gegend laufen, umherziehen

Toboggan (S. 44): ursprünglich ein Schlitten der nordamerikanischen Indianer. Seit 1906 gibt es auf dem Münchner Oktoberfest ein Fahrgeschäft, das Toboggan heißt. Die Besucher werden auf einem Förderband nach oben gezogen und rutschen dann auf einer Art Teppich über eine Holzrutsche wieder nach unten.

Toboggan auf dem Oktoberfest in München

Toledo (S. 32): eine Stadt in Spanien

Trafalgar Square (S. 88): ein großer Platz in der Mitte von London

transparent (S. 86): durchsichtig

tropisch (S. 51): drückend heiß und schwül

Trüffelschwein (S. 67): Schwein, das darauf trainiert ist, Trüffel zu finden. Trüffel sind ganz besondere Pilze, die nur unter der Erde wachsen.

Trafalgar Square in London

willkürlich (S. 86): irgendwie, ohne zu überlegen

Wüste Gobi (S. 14): Wüste aus Felsen und Sand in Asien. In der Wüste Gobi ist es im Sommer extrem heiß und im Winter extrem kalt.

Fachbegriffe

Argument
Als Argument wird eine Aussage bezeichnet, mit der jemand etwas begründen oder auch widerlegen möchte. Argumente sollen andere davon überzeugen, dass etwas richtig oder falsch ist.

Artikel
Der Artikel ist
1. ein schriftlicher Beitrag in einer → Zeitung (Zeitungsartikel) oder in einem → Lexikon (Lexikonartikel).
Der Artikel ist 2. der Begleiter des Nomens (der, die, das).

Autor/Autorin (z. B. S. 158)
Eine Autorin / ein Autor schreibt → Texte, z. B. für Bücher, Zeitschriften oder Zeitungen.

Bibliothek (Bücherei) (S. 185)
In der Bibliothek gibt es viele Bücher und andere → Medien, die ausgeliehen werden können. Kleinere Bibliotheken nennt man Büchereien. In vielen Schulen gibt es eine Schulbücherei.

CD
Auf einer Audio-CD sind Töne (Musik oder gesprochener Text) digital gespeichert und können abgespielt werden. CD ist die Abkürzung für das englische Wort Compact Disc (= kleine, feste Scheibe).

CD-ROM
CD-ROM ist die Abkürzung für Compact Disc Read-Only Memory (= ausschließlich lesbarer Speicher). Im Gegensatz zur → CD können auf der CD-ROM auch Bilder, Texte, Computerspiele oder Computerprogramme gespeichert sein.

Dialog (z. B. S. 33 oder S. 116/117)
Ein Dialog ist ein Gespräch zwischen zwei oder mehreren Personen. In manchen Texten in deinem Lesebuch steht der Dialog in verschiedenen Farben gedruckt. So erkennst du leicht, wer spricht. Es ist dann einfacher, den Dialog mit verteilten Rollen vorzulesen.

Drehbuch
Ein Drehbuch enthält den Text und alle Anweisungen für einen Film.

DVD
Die DVD sieht aus wie eine → CD oder eine → CD-ROM, hat aber wesentlich mehr Speicherplatz. Die Abkürzung bedeutet Digital Versatile Disc (= digitale vielseitige Scheibe). DVDs mit großem Speicher, deren Daten mit einem blauen Laserstrahl (= blue ray) aufgezeichnet und wiedergegeben werden, heißen Blu-Ray-Disc.

Erzähler/Erzählerin (z. B. S. 164/165)
Der Erzähler erzählt etwas aus seiner eigenen Sichtweise. In einer Geschichte ist der Erzähler eine → Figur, die sich der → Autor oder die Autorin ausgedacht hat.

Im Text erzählt der Erzähler die Geschichte, die der Autor geschrieben hat.

Erzählung
Erzählung ist ein anderes Wort für → Geschichte.

Figur
Figuren sind die sprechenden und handelnden Personen in einer → Geschichte. Figuren können auch sprechende Pflanzen, Tiere oder Gegenstände sein.

Gebrauchstext (z. B. S. 68 oder S. 75)
Gebrauchstexte haben den Zweck, etwas klar und eindeutig zu beschreiben. Anleitungen oder Rezepte sind zum Beispiel Gebrauchstexte.

Geschichte
Geschichten erzählen etwas, was wirklich geschehen ist oder was sich jemand ausgedacht hat. Sie können aufgeschrieben oder mündlich erzählt sein. Ein anderes Wort für Geschichte ist Erzählung.

Hörbuch
Ein Sprecher oder eine Sprecherin liest das Buch für eine Tonaufnahme vor. Oft ist das vorgelesene Buch kürzer als das gedruckte Buch. Die Aufnahme kommt als Hörbuch auf eine CD oder es gibt sie als Download im Internet.

Hörspiel
Anders als bei einem → Hörbuch wird bei einem Hörspiel die Geschichte nicht nur vorgelesen. In einem Hörspiel gibt es mehrere Sprecher, Geräusche und Musik.

Interview (z. B. S. 82/83 oder S. 158/159)
Das Wort kommt aus der englischen Sprache und bedeutet wörtlich „Befragung". Ein Interview führen bedeutet jemanden zu befragen, z. B. über seinen Beruf.

Kapitel
Ein Kapitel besteht aus mehreren Abschnitten oder Seiten in einem längeren Text oder in einem Buch. Meistens hat ein Kapitel eine eigene Überschrift oder eine Nummerierung.

Klappentext
Der Klappentext steht auf den nach innen geschlagenen Klappen des Buchumschlages. Der Klappentext informiert über den Buchinhalt oder über den Autor. Oft stehen solche Informationen auch auf der Rückseite eines Buches.

Legende (z. B. S. 50/51 oder S. 78)
Legenden sind Geschichten über sehr fromme Menschen oder Heilige. Sie erzählen von deren guten oder auch wunderbaren Taten. In den Legenden werden die Heiligen als Vorbilder dargestellt.

Lexikon (z. B. S. 188–191)

Ein Lexikon ist ein Verzeichnis oder ein Buch, das zu einzelnen Wörtern kurze Erklärungen gibt. Die Wörter sind im Lexikon nach dem Alphabet geordnet. Die Mehrzahl von Lexikon heißt Lexika. Es gibt auch Lexika auf → CD-ROM.

Literatur

Als Literatur werden alle schriftlich über-lieferten Werke bezeichnet. Oft redet man auch von Literatur, wenn man nur dichterische Werke meint. In beinahe jedem Land gibt es Literatur. Die Hauptwerke aus allen Ländern werden Weltliteratur genannt.

Literaturverfilmung (z. B. S. 112/113)

Wenn aus einem Buch ein Film gemacht wird, dann ist das eine Literaturverfilmung. Bevor gefilmt wird, wird das Buch in ein → Drehbuch umgeschrieben.

Medien

Medien (Einzahl: Medium) ist ein Oberbegriff für Dinge oder Einrichtungen, die Informationen vermitteln. Medien sind z. B. Bücher, Zeitschriften, Zeitungen, CD-Roms, Musik-CDs, Videos, DVDs, das Internet, das Radio oder das Fernsehen.

Pointe

Das Wort kommt aus der französischen Sprache. Eine Pointe ist das überraschende Ende, z. B. von einem Witz oder von einem → Schwank.

Redensart (S. 10 und S. 11)

So nennt man eine allgemein bekannte, feststehende Wortgruppe, die man nicht wörtlich nehmen darf. Redensarten drücken oft etwas bildlich aus, z. B. „mit dem Kopf durch die Wand gehen".

Schattentheater (z. B. S. 181)

Ein Schattentheater oder Schattenspiel ist eine Art von → Theater, bei dem die Schatten der handelnden Personen, Figuren oder Gegenstände auf eine beleuchtete Fläche projiziert werden.

Schaubild (z. B. S. 104 oder S. 110)

Ein Schaubild stellt Zusammenhänge oder Ergebnisse von etwas in einer Zeichnung dar. Manchmal versteht man einen Text besser, wenn man ein Schaubild dazu anfertigt.

Schwank (S. 42 oder S. 72)

Ein Schwank ist eine lustige Erzählung, in der sich Menschen besonders klug oder besonders dumm anstellen. Der Schwank ist auf eine → Pointe ausgerichtet. Im Mittel-punkt der Handlung stehen meist alltägliche Dinge.

Stichwort (z. B. S. 188 oder S. 36/37)

Ein Stichwort wird 1. in einem → Lexikon oder in einem Wörterbuch erklärt. Es ist dort nach dem Alphabet eingeordnet.
Ein Stichwort ist 2. ein besonders wichtiges Wort aus einem Text, das man z. B. am Rand notiert.

Szene

Die Szene ist ein kurzer, abgeschlossener Teil eines Theaterstücks oder eines Films. Beginnt eine neue Szene, treten oft neue Schauspieler auf, es findet ein Ortswechsel statt oder es wird ein anderer Teil einer Geschichte gezeigt.

Text

Ein Text besteht aus geschriebenen, zusammenhängenden Sätzen. Unterschiedliche Textarten haben unterschiedliche Funktionen, zum Beispiel: Sachtexte und → Zeitungstexte informieren, → Geschichten und → Schwänke unterhalten.

Theater (z. B. S. 180)

Auf Griechisch heißt „theatron" Ort des Zuschauens. Theatron war zunächst der Zuschauerraum, aus dem sich aber dann das ganze Bühnenhaus entwickelte. Der Begriff „Theater" meint also zum einen das Gebäude und zum anderen den ganzen technischen wie künstlerischen Betrieb. Es gibt ganz unterschiedliche Theater, z. B. Sprechtheater, Figurentheater oder → Schattentheater.

Titel

Der Titel ist der Name eines Buches, eines Filmes oder eines Liedes.

Umfrage (z. B. S. 97)

Eine Umfrage ist eine Forschungsmethode, bei der viele verschiedene Menschen zu einem bestimmten Thema befragt werden. Die Umfrage hilft zum Beispiel dabei, festzustellen, ob es in einer bestimmten Sache oder bei einer bestimmten Meinung eine Mehrheit gibt.

Vortrag

Ein Vortrag ist eine Rede vor Zuhörern. Man kann einen Vortrag zu einem bestimmten Thema halten oder Witze oder Gedichte vortragen. Ein Vortrag muss immer gut vorbereitet werden, sodass er interessant, informativ, unterhaltend oder lustig für die Zuhörer ist.

Zeitung (z. B. S. 149)

Die Zeitung ist ein → Medium, das regelmäßig mit aktuellen Nachrichten informiert. Zeitungen erscheinen gedruckt jeden Tag (Tageszeitung) oder einmal in der Woche (Wochenzeitung). Zeitungen kann man sich auch auf den Computer oder auf das Smartphone digital laden. Solche Zeitungen werden mit dem englischen Wort „E-Paper" bezeichnet.

Inhalt nach dem ABC

Inhaltsverzeichnis

Stichwortverzeichnis

Textquellenverzeichnis

109 **Äsop:** Die kleinen und die großen Fische. Aus: Rudolf Hagelstange: Fabeln des Aesop. Ravensburger Buchverlag: Ravensburg 1989

96, **Alves, Katja:** Beste Freundin dringend gesucht (bearb.) und Cover.
166 Beltz: Weinheim und Basel 2011

128 **Anger-Schmidt, Gerda:** Miau-TV mach Katzen schlau. Aus: Gerda Anger-Schmidt und Renate Habinger: Muss man Miezen siezen? Arena: Würzburg 2010

51 **Auer, Martin:** „Noch". Aus: Hans-Joachim Gelberg (Hg.): Großer Ozean. Beltz & Gelberg: Weinheim und Basel 2000

15 Und wenn sie nicht gestorben sind …(bearb.) Aus: Hans-Joachim Gelberg (Hg.): Was für ein Glück. Beltz & Gelberg: Weinheim und Basel 1993

115 **Ausländer, Rose:** Frühling. Aus: Mutterland, Einverständnis. Gedichte. S. Fischer: Frankfurt a. M. 1982

64, **Banscherus, Jürgen:** Kwiatkowski, Privatdetektiv (bearb.) und
166 Cover. Aus: Ein Fall für Kwiatkowski. Der Stinker. Arena: Würzburg 2012

140 **Bechstein, Ludwig:** Mann und Frau im Essigkrug (bearb.). Aus: Bechsteins Märchen. Cecilie Dressler Verlag: Hamburg 2000

47 **Bolliger, Max:** Wer hat den Schwalben. Aus: Hinter den sieben Bergen. Dreimal dreizehn Kindergedichte. Echter Verlag: Würzburg 1995

24 **Brecht, Bertolt:** Pflaumenbaum. Aus: Werner Hecht (Hg.): Werke. Gedichte 2. Suhrkamp: Berlin und Frankfurt a. M. 1988

33 **Brender, Irmela:** Streiten muss sein! Aus: Ja-Buch für Kinder. Beltz Verlag: Weinheim und Basel 1974

150 **Britz, Annemarie:** Die Mittagsfrau. Herausgegeben von der Stadt- und Kreisbibliothek Hoyerswerder

8 **Bull, Bruno Horst:** Warum heißen Löwen Löwen? Aus: Aus dem Kinderwunderland. Herder: Freiburg 1968

147 **Bydlinski, Georg:** Garten. Aus: Hans-Joachim Gelberg (Hg.): Überall und neben dir. Beltz & Gelberg: Weinheim und Basel 1986

164 **Colfer, Eoin:** Tim und das Geheimnis von Knolle Murphy (bearb.). Übersetzung aus dem Englischen von Brigitte Jakobeit. Beltz & Gelberg: Weinheim und Basel 2005

94 **Cottin, Menena:** Gelb schmeckt nach Senf (Originaltitel: Das schwarze Buch der Farben), aus dem Spanischen von Helga Preugschat. Fischer Schatzinsel: Frankfurt am Main 2008

130 **Cox, Alexander** und andere: Brauchen wir einen Anführer? (bearb.) Gestaltung: Claire Patane und andere. Aus: Wer ist Chef im Staat? So funktioniert Politik! Aus dem Englischen von Cornelia Panzacchi. © Dorling Kindersley Illustrations, London, 2010; © der deutschsprachigen Ausgabe by Dorling Kindersley Verlag GmbH: München 2010

78 **Dargaw, Kate:** Das Nian-Monster (bearb.), übersetzt von Marc Hermann, Illustrationen von Igor Oleynikow. Dix Verlag: Düren Bonn 2009

148 **Dauthendey, Max:** Johannisfeuer. Aus: Gesammelte Werke, Band 4, Lyrik und kleinere Verdichtungen. München 1925

107 **Davies, Nicola:** Frosch-Lollies, (bearb.). Aus: affenheiß und schweinekalt. Die Überlebenstricks der Tiere. Übersetzung aus dem Englischen von Monika Lange. © 2007 Bibliographisches Institut / Sauerländer, Mannheim

98 **Drvenkar, Zoran:** Zarah (bearb.). Bloomsbury: Berlin Verlag: Berlin 2007

76 **Eichendorff, Joseph Freiherr von:** Weihnachten. Aus: Werner Bergengruen (Hg.): Joseph Freiherr von Eichendorff. Gedichte – Ahnung und Gegenwart. Manesse: München o. J.

109 **Erhardt, Heinz:** Der Kabeljau. Aus: Das große Heinz-Erhardt-Buch. Lappan Verlag: Oldenburg 2003

86, **Follett, Ken:** Hopp, Hopp, Hypersprung (bearb.) und Cover. Aus:
166 Kinder des Universums. Übersetzung von Axel Merz. Baumhaus: Verlag in der Bastei Lübbe GmbH & Co. KG Köln, © 2011 Bastei Lübbe GmbH & Co. KG Köln

40, **Fontane, Theodor:** Herr von Ribbeck auf Ribbeck im Havelland.
166 Aus: Der kinderleichte Fontane. Ausgewählt von Gotthard Erler. Illustrationen von Sabine Wilharm und Cover. © Aufbau Verlag GmbH & Co. KG Berlin 2009

43 **Frank, Karlhans:** Drittes Rätsel. Aus: Im Eigelb steckt der Igel. Boje: Köln 2008

114 Erstes Rätsel. Aus: ebd.

73 Viertes Rätsel. Aus: ebd.

146 Zweites Rätsel. Aus: ebd.

7 **Fühmann, Franz:** Am Schneesee (bearb.). Aus: Die dampfenden Hälse der Pferde im Turm von Babel. Der Kinderbuchverlag: Berlin 1978

156, **Funke, Cornelia:** Der geheimnisvolle Ritter Namenlos (bearb.),
166 mit Bildern (Seite 156, 157 und 160) von Kerstin Meyer und Cover. © S. Fischer Verlag GmbH, Frankfurt am Main 2001

162, Herr der Diebe (bearb.) Text und Illustrationen und Cover Cornelia
166 Funke. Oetinger: Hamburg 2013

36 **Gavalda, Anna:** Opas Geschichte. (Originaltitel: 35 Kilo Hoffnung), (bearb.). Übersetzung aus dem Französischen von Ursula Schregel. Bloomsbury Kinderbücher & Jugendbücher. Berlin Verlag: Berlin 2004

94, **Geisler, Dagmar:** Ich kapier das nicht (bearb.) und Cover. Aus:
166 Bleibt locker, Leute! Chaos-Comics von Luis. Deutscher Taschenbuch Verlag, dtv junior: München 2010

29, Wandas geheimes Tagebuch. Aus: Wandas streng geheime
166 Notizen (bearb.) Text, Illustration und Cover. © 2003 Deutscher Taschenbuch Verlag: München

151 **Gellert, Christian Fürchtegott:** Die Lerche im Kornfeld (bearb.). Aus: Käthe Recheis (Hg.): Das große Fabelbuch. Ueberreuter: Wien 1965

38 **Greschik, Stefan:** Wie merkt sich unser Gehirn Dinge?, Wie wir uns Dinge lange merken (bearb.). Aus: GEOLlino Nr. 6, Juni 2003 © GEO 2003, Verlag Gruner + Jahr, Hamburg

89 Der Flug zum Mars (gek.). Aus: GEOlino extra Nr. 25 © GEO 2010, Verlag Gruner + Jahr, Hamburg

139 **Golluch, Norbert:** Wie viel Müll produziert eine Familie? (Originaltitel: Müllabfuhr in Aktion), (bearb.). Annette Betz Verlag im Verlag Carl Ueberreuter: Wien-München 2004

77 **Guggenmos, Josef:** Neujahrsnacht. Aus: Oh, Verzeihung, sagte die Ameise. Beltz & Gelberg: Weinheim und Basel 1990

73 Schneekristall. Aus: Hans-Joachim Gelberg (Hg.): Überall und neben dir. Beltz & Gelberg: Weinheim und Basel 1986

72 **Güll, Friedrich Wilhelm:** Winterrätsel. Aus: Friedrich Wilhelm Güll und Franz Pocci: Kinderheimat in Liedern und Bildern. Insel: Frankfurt a. M. 1975

147 **Hesse, Hermann:** Blauer Schmetterling. Aus: Gesammelte Werke, Bd. 1, Suhrkamp: Frankfurt a. M. 1987

35 **Hinz, Ingeborg:** Gestern war wieder was los! © Ingeborg Hinz

144, **Hole, Stian:** Garmans Geheimnis (bearb.) Text, Illustration und
166 Cover. Aus dem Norwegischen von Ina Kronenberger. Carl Hanser: München 2012

54 **Hoßfeld, Dagmar:** 2 ½ Jungs retten ihren Baum (bearb.). Ueberreuter: Berlin Wien 2010

4, **Joyce, William:** Die fliegenden Bücher des Mister Morris Lessmore
166 (bearb.) und Cover, Illustrationen Joe Bluhm. Übersetzung von Hardy Krüger jr. Bastei Lübbe (Boje): Köln 2013. Illustrations from THE FANTASTIC FLYING BOOKS OF MR MORRIS LESSMORE © 2012 by William Joyce and Joe Bluhm by permission of Simon & Schuster Childrens's Publishing Division

80, 166 **Jung, Chang-hoon** und Ho Jang: Unser Mond. Ein Himmelskörper auf Reisen (bearb.), aus dem Koreanischen von Hans-Jürgen Zaborowski, Illustrationen Ho Jang und Cover. Deutsche Ausgabe © 2010 Gerstenberg Verlag: Hildesheim

77 **Kästner, Erich:** Es tickt die Zeit. Strophe aus dem Gedicht „Der dreizehnte Monat". Aus: Die 13 Monate. Atrium: Zürich 1955

26 Herrn Bremser geht ein Licht auf (Ausschnitt). Aus: Pünktchen und Anton und Cover. © Artium Verlag: Zürich

127 Weltreise durchs Zimmer (gek.), aus: Das Schwein beim Friseur und andere Geschichten. Dressler: Hamburg 1962

63 **Kersten, Detlef:** Kommissar Kniepel: Ein Dieb im Zug (bearb.) Text und Illustrationen. Aus: Kommissar Kniepel. 62 knifflige Fälle zum Selberlösen. Ars Edition: München 1998

48, 167 **Kilaka, John:** Der wunderbare Baum (bearb.), Text und Bilder und Cover. Aus dem Englischen von Barbara Brennwald © Baobab Books, Ch-4053 Basel: Basel 2009

128 **Krausnick, Michail:** Werbespott. Aus: Hans-Joachim Gelberg (Hg.): Großer Ozean. Beltz & Gelberg: Weinheim und Basel 2000

45 **Krolow, Karl:** Hoher Herbst. Aus: Gesammelte Gedichte. Suhrkamp Verlag: Frankfurt a. M. 1965

12 **Kruse, Max:** Urmel und die Eis.(bearb.) Illustrationen von Erich Hölle. Thienemann: Stuttgart 1995

148 **Krüss, James:** Das Wasser. Aus: Der wohltemperierte Leierkasten. Bertelsmann: Gütersloh 1961

50 **Legende aus Borneo:** Der Wald gehört Pulang Gana. Aus: Pit Budde und Josephine Kronfli: Regenwald & Dschungelwelt. Ökotopia: Münster 2006

95 **Lemler, Kathrin und Stefan Gemmel:** Kathrin spricht mit den Augen (gek.) Verlag Butzon & Bercker: Kevelaar 2002

46 **Lesaffre, Guilhem:** Der große Vogelzug der Kraniche (bearb.). Übersetzung von Bettina Runge und Elaine Hagedorn. Aus: Zugvögel. Knesebeck Verlag: München: 2003

90, 167 **Lestrade, Agnés de:** Die große Wörterfabrik (bearb.), Illustrationen von Valeria Docampo und Cover. Übersetzung aus dem Französischen von Anna Taube. mixtvision Verlag: München 2012

112, 167 **Lindgren, Astrid:** Ronja Räubertochter (gek.), Illustrationen von Ilon Wikland und Cover. Übersetzung aus dem Schwedischen von Anna-Liese Kornitzky. Oetinger: Hamburg 1982

72 **Maar, Paul:** Die Kälte. Aus: das fliegende Kamel. Oetinger: Hamburg 2010

33 **Manz, Hans:** Umkehrung? Aus: Lieber heute als morgen. Beltz Verlag: Weinheim und Basel 1988

102, 167 **Matsuoka, Mei:** Vom Wolf, der lieb sein wollte (bearb.), Text, Illustrationen und Cover. Übersetzung aus dem Englischen von Michael Stehle. © Verlag Urachhaus: Stuttgart 2014

115 **Maurer, Georg:** Großstadtfrühling (gek.). Aus: Dreistrophenkalender. Mitteldeutscher Verlag: Halle 1965

115 **Mörike, Eduard:** Er ist's. Aus: Gesammelte Werke. Hanser: München 1958

129 **Nöstlinger, Christine:** Cool Boy. Aus: Christine Nöstlinger und Jutta Bauer: Ein und Alles. Beltz & Gelberg: Weinheim und Basel 1992

119 Mei' Rad/Mei' Radl (bearb.). Texte in unterfränkischer und oberbayerischer Mundart in Anlehnung an den Originaltext „Mein Rad". Aus: Hans-Joachim Gelberg (Hg.): Überall und neben dir. Beltz & Gelberg: Weinheim und Basel 1986

58, 167, 207 **Obrist, Jürg:** Spy Eye verschwindet (bearb.), Text, Illustrationen und Cover. Minikrimis zum Mitraten und Englischlernen. © 2007 Deutscher Taschenbuchverlag: München

134 **Pin, Isabel:** Der Kern (bearb.). Text und Illustration. Michael Neugebauer Verlag: Gossau-Zürich 2001

152 **Pressler, Mirjam** und Yaakov Shabtai: Der kleine Kröterich (Originaltitel: Die wundersame Reise des kleinen Kröterichs), (bearb.). Carl Hanser: München und Wien 1998

14 **Recheis, Käthe:** Das Nobnob. Aus: Hans-Joachim Gelberg (Hg.): Geh und spiel mit dem Riesen. Beltz & Gelberg: Weinheim und Basel 1971

184 **Ringelnatz, Joachim:** Ich habe dich so lieb (bearb.) Aus: Sämtliche Gedichte. Diogenes: Zürich 1997

30, 167 **Robinson, Barbara:** Vorsicht, die Herdmanns (Originaltitel: Vorsicht, die Herdmanns schon wieder), (bearb.) und Cover. Übersetzung aus dem Amerikanischen von Kristina Kreuzer. Oetinger Verlag: Hamburg 2010

75 **Rüscher, Eva:** Schneemannlaterne für Weihnachten (Originaltitel: Schneemann-Tischlaterne), (bearb.). Aus: Weihnachtsschmuck. Christophorus Verlag: Freiburg 1987

51 **Sailer, Florian:** Klimaanlage Regenwald (Originaltitel: Unsere Erde: Serienmäßig mit Katalysator und Klimaanlage), (bearb.). Aus: Willi und die Wunder dieser Welt. Kosmos: Stuttgart 2009

137 **Salzen, Claudia von:** Der Weltkindertag (Originaltitel: Ihr habt Rechte!), aus: Der Tagesspiegel vom 14.9.2002. Der Tagesspiegel Verlag: Berlin

116 **Scheffler, Ursel:** Als der Osterhase abgeschafft werden sollte (bearb.). Aus: Leselöwen-Ostergeschichten. Loewe: Bindlach 1986

52 **Schlitt, Christine:** Geniale Einfälle der Natur (Originaltitel: Nie wieder putzen!), (bearb.). Aus: Der Kinder Brockhaus. Geniale Einfälle der Natur. © F. A. Brockhaus/wissenmedia in der inmediaONE GmbH Gütersloh/München 2012

123, 167 **Schlüter, Andreas:** Das Spiel beginnt (bearb.) und Cover von Karoline Kehr. Aus: Level 4 – die Stadt der Kinder. Deutscher Taschenbuch Verlag, dtv junior: München 2004

43 **Schubiger, Jürg:** Herbstgedicht. Aus: Hans-Joachim Gelberg (Hg.): Großer Ozean. Beltz & Gelberg: Weinheim und Basel 2000

70, 167 **Shodjaie, Seyyed Ali** (Text) und Elahe Taherian (Illustrationen): Der große Schneemann (bearb.), Illustrationen und Cover. Aus dem Persischen von Nazli Hodaie. © Baobab Books, CH-4053 Basel: Basel 2013

120, 167 **Smith, Lane:** Das ist ein Buch (bearb.). Text, Illustration und Cover. Aus dem Amerikanischen von Michael Krüger. © 2010 Lane Smith; alle Recht der deutschen Ausgabe © Sanssouci im Carl Hanser Verlag: München 2010

9 **Spohn, Jürgen:** Ein Nasenhuhn. Aus: Hans-Joachim Gelberg (Hg.): Großer Ozean. Beltz & Gelberg: Weinheim und Basel 2000

Getuschel: Aus: Drunter & Drüber. Verse zum Vorsagen, Nachsagen und Weitersagen. Bertelsmann: Mannheim 1989

68 **Stemm, Antje von:** Fingerabdruckpulver. Aus: Extrembasteln mit Krims Kramuri. Gerstenberg Verlag: Hildesheim 2006

51 **Strehlau, Marion:** Jeden Tag verschwindet ein Stück Regenwald. Aus: Das will ich wissen. Im Dschungel: Arena: Würzburg 2005

74 **Storm, Theodor:** Knecht Ruprecht. Aus: Werke Gesamtausgabe in Drei Bänden. Band 1 Cotta'sche Buchhandlung Nachf.: Stuttgart 1958

11 **Thabet, Edith:** Sprichwörtlich. Aus: Hans Gärtner (Hg.): Das Geschichtenjahr. Sankt Gabriel: Mödlingen-Wien 1997

61, 167 **Weber, Benedikt:** Der Verdacht (bearb.). Aus: Ein Fall für die Schwarze Pfote. Hugo sucht den Superschurken. Illustrationen von Zapf und Cover. Tulipan: Berlin/München 2012

44 **Wismeyer, Heinrich:** Oktoberfest. Aus Boarischer Brauch. Pannonia Verlag: Freilassing 1979

184 **Zartl, Elisabeth:** Im kalten Herbstwind. Aus: Blütenwunder. Haiku-Poesie für Kinder. Don Bosco: München 2009

146 Nach dem Mittagsschlaf. Aus: ebd.

114 Schneefall im Frühling. Aus: ebd.

Bildquellenverzeichnis

Auflösungen

zu Seite 59

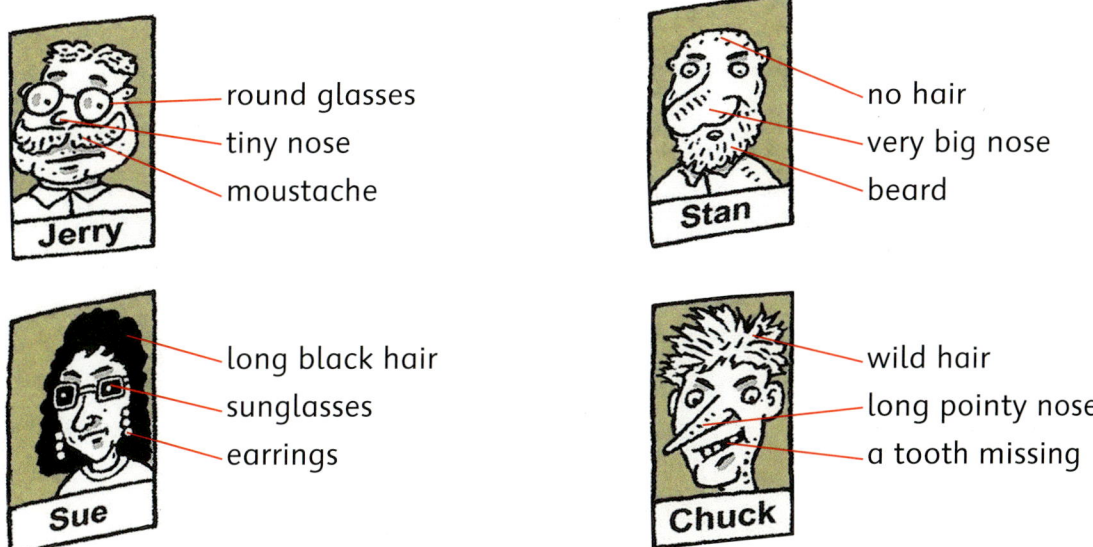

round glasses
tiny nose
moustache

Jerry

no hair
very big nose
beard

Stan

long black hair
sunglasses
earrings

Sue

wild hair
long pointy nose
a tooth missing

Chuck

zu Seite 63

Der Mann neben der Frau ist der Dieb. Hätte er wirklich geschlafen, dann hätte er nicht bemerkt, dass im Tunnel das Licht ausging.

zu Seite 66

Der Dieb wohnt
in dem Zimmer,
in dem die Zeitungen
liegen.

Jo-Jo

Lesebuch 4

Grundschule Bayern

Überarbeitung der Ausgabe von	Barbara Ertelt, Dagmar Sedlmeyer, Brigitte Umkehr, Marion Waszak
Unter Einbeziehung der Ausgabe von	Katja Eder, Silke Fokken, Tanja Glatz, Manuela Hantschel, Erna Hattendorf, Martin Wörner
Redaktion	Dr. Birgit Waberski, Susanne Dahlbüdding
Illustrationen	Sabine Wiemers
Umschlagillustration	Sylvia Graupner
Gesamtgestaltung und technische Umsetzung	Heike Börner

www.cornelsen.de

1. Auflage, 4. Druck 2023

Alle Drucke dieser Auflage sind inhaltlich unverändert
und können im Unterricht nebeneinander verwendet werden.

© 2015 Cornelsen Schulverlage GmbH, Berlin
© 2017 Cornelsen Verlag GmbH, Berlin

Druck: Mohn Media Mohndruck, Gütersloh

ISBN 978-3-06-083079-4